Apokalypsis

¡LO MEJOR ESTÁ POR VENIR!

Leo Castro

WestBow
PRESS®
A DIVISION OF THOMAS NELSON
& ZONDERVAN

Puede hacer pedidos de libros de WestBow Press en librerías o poniéndose en contacto con:

WestBow Press
A Division of Thomas Nelson & Zondervan
1663 Liberty Drive
Bloomington, IN 47403
www.westbowpress.com
1 (866) 928-1240

ISBN: 978-1-9736-6782-7 (tapa blanda)
ISBN: 978-1-9736-6781-0 (libro electrónico)

Número de Control de la Biblioteca del Congreso: 2019909545

Información sobre impresión disponible en la última página.

Fecha de revisión de WestBow Press: 08/07/2019

Contents

I

Sobre el Autor

Leo nació y creció en Santiago, Chile. En Julio de 1982 él se mudó a Grass Valley, California, y eventualmente se estableció en San José, California, donde comenzó su camino cristiano en 1984. En 1985, Leo conoció a su ahora esposa Alvina, con la cual se casó en 1989. Sus dos hijos Leonard y Jordan nacieron en Los Gatos, California.

Leo se graduó de ISC en San José, California, con un título en Consejería y Teología en 1992, recibiendo su ordenación como ministro de ésta.

Leo siempre ha estado involucrado en diferentes funciones dentro del ministerio fungiendo como Anciano, Capellán, Pastor de jóvenes y, finalmente, como Pastor Asociado en una iglesia local en el área de Rose Garden en San José, California. Leo también sirvió como Pastor Asociado en el área de Double Diamond después de haberse mudado a la ciudad de Reno en Nevada. Al mismo tiempo, Leo mantuvo varias posiciones en el mundo corporativo, donde desarrolló su carrera en Planeación Logística, Manufacturación, Producción, y finalmente, como un Ejecutivo de Maniobra. En Mayo de 2001, Leo y su familia se mudaron a Reno, Nevada.

En 2003, Leo fue parte de un grupo de personas que plantó una iglesia anglosajona en el área del sur de Reno, Nevada (Double Diamond). Esto fue de gran importancia ya que otros habían tratado muchas veces, pero las iglesias cerraban sus puertas en muy poco tiempo. Hoy, el sur de Reno ha crecido mucho y existen varias iglesias anglosajonas, sanas, sirviendo a esta comunidad.

En el año 2005, Leo y su esposa, fueron parte de la fundación de un ministerio hispano que fue concebido por parte de una iglesia anglosajona: Iglesia Summit, la cual pudo servir a la comunidad de Sparks, Nevada por 9 años.

En el año 2013, Leo y su esposa fundaron Eternidad Centro Cristiano en el sur de Reno; esta iglesia tiene como propósito el glorificar a Dios equipando a los creyentes para que estos cumplan la Gran Comisión.

En el año 2015, Leo aceptó la posición de Estratega de Misiones con la Convención Bautista de Nevada. En su posición como Estratega, Leo tiene la responsabilidad de entrenar e inspirar plantadores de iglesias a través del estado de Nevada.

En su tiempo libre, a Leo y a su esposa Alvina les encanta navegar en kayak, andar en bicicleta, leer y visitar lugares en Nevada y California con sus dos hijos. Leo ha sido motociclista desde 1977. Leo ha residido en el sur de Reno desde mayo de 2001 con su esposa Alvina, y sus dos hijos, Leonard y Jordan.

Introducción

Sin duda alguna, cuando se trata de entender el libro de Apocalipsis y de eventos proféticos en la Biblia, mucha gente cree que solo un grupo seleccionado de personas podrán entender este libro y los eventos proféticos que se encuentran en él. Creo que eso no es verdad, la misma Biblia invita al "hombre común" a tener un entendimiento de los eventos que están a punto de afectar a toda la humanidad. 2 Timoteo 2:15 lo pone así: "Procura con la mayor diligencia presentarte aprobado delante de Dios, como obrero que no tiene de qué avergonzarse porque sabe analizar y exponer correctamente la palabra de Dios".

En otras palabras, la Biblia incita a *todo creyente* a tener una respuesta para aquellos que piden una razón de porqué creemos lo que creemos. Creo que la gran injusticia y equivocación que nos hacemos a nosotros mismos es depender del conocimiento de los ministros solamente; esta escritura no va dirigida a los ministros únicamente, va dirigida a *"todo creyente."* La responsabilidad de cada creyente es de tener un conocimiento vasto de lo que la Biblia nos dice.

Cuando era un adolescente, solía ir a misa en la ciudad donde yo crecí, esta acción de mi parte era simplemente una tradición basada en lo que se me había inculcado en mi casa y en la escuela; muchos me decían: "es algo que debes hacer". No importaba si el cura estaba hablando en mi propio lenguaje porque aun así no le entendía absolutamente nada. Durante toda mi adolescencia fui un muchacho que tenía la impresión de que el único que podía entender la Biblia era el cura, ahora entiendo que esto es contrario a lo que la Biblia misma nos dice. Hoy, no solo puedo comprender que es mi responsabilidad de entender lo que Dios nos dejó en las escrituras, sino que Dios mismo puntualiza lo que sucede con aquellos que no toman el tiempo de tener un conocimiento (propio) con respecto a las escrituras. Oseas 4:6 nos muestra un retrato de Dios hablando directamente sobre este asunto: **"Mi pueblo perece por falta de conocimiento"**.

Como pastor de una iglesia, mi responsabilidad absoluta es escudriñar, estudiar y entender lo que la Biblia nos quiere decir. No solo eso, sino que debido al hecho de que tengo personas que dependen de mí para explicar lo que la Biblia dice, tengo que poner aún más esfuerzo. El tener que entender es algo, pero el tener también que explicar es otra cosa y trae consigo un grado más de responsabilidad. Las escrituras nos dicen que aquellos que han sido llamados a enseñar y pastorear serán juzgados en una manera más estricta.

Durante muchos años he dedicado una cantidad incalculable de horas para estudiar las escrituras dejando de lado lo que se encuentra en el libro de Apocalipsis, en otras palabras, estaba usando la misma manera de pensar que tenía cuando era un adolescente. Durante mucho tiempo me tragué la mentira de creer que no tenía la capacidad para entender algo ya que se me había dicho "es muy complicado". Hasta cierto punto es verdad, ninguno de nosotros tenemos la capacidad de entender este libro a menos que seamos instruidos por el Espíritu Santo.

No debemos olvidar que, como hijos de Dios, su voluntad es que nosotros tengamos el entendimiento de su palabra. Esto no es diferente al sentimiento que nosotros tenemos con nuestros propios hijos aquí en la tierra. Mi deseo como padre de dos varones es que ellos entiendan lo que yo he podido aprender como hombre, mi deseo es que ellos usen el conocimiento que yo les he compartido durante años para que puedan tener éxito en sus vidas y no sufran innecesariamente.

Con respecto a los capítulos que usted está a punto de leer, siento en mi espíritu que Dios me ha llamado a escribir con sencillez para que todos puedan entender lo que Él nos quiere decir a través de sus profecías. Dios no me ha llamado a ser elocuente, sino a ser específico y explícito en escribir palabras que puedan ser entendidas por cualquier persona. Este libro está sustentado por la palabra de Dios ya que es lo que más importa. Si este libro no puede ser respaldado por las escrituras, entonces solo sería algo basado en la opinión de un hombre y eso no es la voluntad de Dios.

Si usted tiene una relación personal con Dios, le recomiendo que antes de leer cada capítulo tome un tiempo para orar; creo que hay un poder inexplicable en la oración del justo. Estoy seguro de que Dios honra la petición de una persona que ora ya que este acto simboliza a alguien que entiende que sin su ayuda no podemos hacer nada. Este libro está repleto de noticias buenas para aquellos que han puesto su fe en Jesús, y también está repleto de advertencias para aquellos que todavía no han puesto su fe en el creador de todas las cosas. Estoy seguro de que su entendimiento de profecías va a ser enriquecido grandemente y yo sé que eso traerá dicha a su vida. El beneficio de entender tiempos proféticos es incalculable, ya que a medida que nos acercamos a la venida de Jesús, muchos van a tener un deseo de saber qué está sucediendo.

Oro para que cada persona que tome este libro y lea estas páginas sea iluminado como yo lo he sido. El tener un conocimiento más vasto debe tener como propósito fundamental el de enseñar a otros la verdad y nada más que la verdad. Pido a Dios que su unción esté con toda persona que lee este libro. Mi intención es que Dios remueva todo temor e incredulidad, espero que este temor sea reemplazado con el conocimiento de su voluntad.

Leo Castro
Reno, Nevada - USA.

DEDICATORIA

Como yo no creo en la suerte, tengo que darle las gracias a Dios, *y lo hago con mucho gusto,* por mi esposa Alvina y mis dos hijos Leonard y Jordan.

En esta vida llegarán cosas, como la gracia de Dios y el perdón de nuestros pecados, que son dadas sin que nosotros las merezcamos. Otra de las cosas que pueden llegar a nuestra vida, es una buena pareja y unos buenos hijos, yo soy uno de los hombres afortunados que tiene la dicha de poder decir eso. Al terminar este libro estaré casado con mi esposa por 29 años. Mi matrimonio con mi esposa Alvina es una prueba de que Dios, en su gracia, sabía lo que yo iba a necesitar en una mujer. Ha sido a través de mi matrimonio que he podido aprender más de la voluntad de Dios en mi vida, ¿podría haber llegado a entender más de la voluntad de Dios en mi vida sin haber estado casado? Por supuesto, pero me agrada el hecho de que Él haya escogido este método.

Le doy gracias a mi esposa y a mis hijos Leonard y Jordan por el amor incondicional que ellos tienen para mí, y es por eso por lo que dedico este libro a ellos. Al mismo tiempo, dedico este libro a todos los pastores y mis amigos en el ministerio. Sigan con ánimo y gozo y no se den por vencidos, su sacrificio vale la pena, aunque no veamos los resultados inmediatamente.

Nota a los que leen este libro

Es posible que usted recién haya encontrado este libro, y también es posible que lo esté leyendo "después" del rapto de la iglesia. Cualquiera que sea la razón por la que usted lo está leyendo, mi esperanza es que su vida sea enriquecida con las palabras que está a punto de leer.

Por los dos últimos años, estas páginas han sido mi lienzo donde he podido pintar lo que Dios ha puesto en mi corazón. Usted se dará cuenta de que no escribo palabras para impresionar, solo las escribo para expresar.

NOTA: Todo pasaje de escritura citado en este libro proviene de la Nueva Traducción Viviente (al menos que se especifique otra traducción).

Reconocimientos

Creo que cada uno de nosotros tenemos una función y trabajo que desempeñar en esta vida, creo que para poder realizar lo que Dios nos ha llamado a hacer, Él nos manda ayuda en la forma de otras personas para poder completar nuestra tarea; en mi caso y en el de este libro, puedo asegurar que Dios mandó a las siguientes personas:

Reina Castro – Edición
Michelle Sánchez – Graficas
Yolanda Gallardo – Graficas
Karen Wood – Fotografía
Roberto Macal – Revisión
Art Barkley – Revisión

Agradezco, de todo corazón, vuestra participación y dedicación.

CAPÍTULO I

Seres Eternos

Oración – *Señor, te pido que a través de este capítulo y a través de tu palabra, nos ayudes a entender el hecho de que somos seres eternos. Ayúdanos a entender que tu intención es que vivamos en tu presencia para siempre y así gozar tu propósito.*

Apokalypsis (griego) - La palabra Apokalypsis significa: **"Revelación",** en este caso, la revelación de Jesucristo que fue dada al apóstol Juan en el año 95 d. C. Este libro es conocido como "La revelación de Juan" (Αποκάλυψις Ιωάννου). Juan (la misma persona que escribió su evangelio y las tres epístolas), era un hombre de avanzada edad que fue exiliado a la isla de Patmos por su creencia en un Cristo redentor; él presentaba una amenaza al gobierno romano y por ello fue desterrado. Fue ahí, en esa isla, donde él recibió la revelación de lo que ha ocurrido y lo que está a punto de ocurrir en la tierra.

Dios puso en mi corazón hace algunos años atrás, tocar este tema con mi congregación en Sparks, Nevada, en Estados Unidos. Creo que estos son temas centrales tanto para el creyente como para el que todavía no tiene una noción de quién es Dios. Muy a menudo, en este libro voy a referirme al libro de Apocalipsis, pero también usaré toda la Biblia para sustentar lo que estaremos estudiando en los diferentes capítulos que siguen.

La primera recomendación que le quiero dar a usted, al leer este libro, tiene que ver con algo que Jesús mismo habló cuando estuvo en la tierra, la Biblia de las Américas lo pone así: **"Por tanto, tened cuidado de cómo oís"**. (Lucas 8:18).

Ore antes y a medida que va leyendo este libro, pídale a Dios que le hable directamente y así pueda adquirir un entendimiento. Abra su Biblia y siga los pasajes. ¿Se acuerda cuando usted recibía cartas de la que hoy es su esposa o esposo, cuando recién se estaban conociendo? Las leía y volvía a leer. Haga lo mismo con esta carta de amor que Dios nos dejó. Tome notas, si nunca lo ha tratado antes, hágalo. Al final de este libro usted verá un cambio radical en su vida, y al terminar de leerlo, páselo a otra persona ¡no se quede con él!

Es Jesús mismo el que nos dice: **"Por tanto, tened cuidado de cómo oís"**. He titulado este libro Apokalypsis, lo mejor está por venir, porque los eventos que vamos a ver, aunque estén en otros libros de la Biblia nos darán una revelación de Cristo.

Hablaré del rapto, eso nos dará una revelación de Cristo. Hablaré de la segunda venida, eso nos dará una revelación de Cristo. Hablaré de un nuevo orden mundial, eso nos dará una revelación de Cristo. Hablaré del cielo, eso nos dará una revelación de Cristo.

Para el incrédulo, el libro de Apocalipsis o los eventos proféticos, no son muy buenos y atractivos ya que podremos ver que el furor y la ira de Jehová son indiscutibles. Ahora, para aquellos que creen y sirven a Dios con todo su corazón, este es un libro que nos llenará de esperanza ya que trae noticias de lo que nos espera en un futuro muy cercano.

Creo que hay 5 grandes razones que son fundamentales del porqué debemos estar al tanto del libro de Apocalipsis y de eventos proféticos.

Cuando estudiamos el libro de Apocalipsis y los eventos proféticos encontramos lo siguiente:

1. **Habrá una bendición especial de parte de Dios.** Dios quiere impartir una bendición especial a su pueblo como nunca lo ha hecho antes; acuérdese que usted y yo somos la novia de Jesucristo, y cuando digo pueblo estoy hablando de todo creyente en Jesucristo.

Dije, "una bendición especial". Apocalipsis 1:3 (la Biblia en el Lenguaje Sencillo), nos dice: "**¡Dios bendiga a quien lea en público este mensaje! ¡Y bendiga también a los que lo escuchen y lo obedezcan! ¡Ya viene el día en que Dios cumplirá todo lo que se anuncia en este libro!**"

La Nueva Versión Internacional lo pone así: "**Dichoso el que lee y dichosos los que escuchan las palabras de este mensaje profético y hacen caso de lo que aquí está escrito, porque el tiempo de su cumplimiento está cerca**".

De los 66 libros que componen la Biblia, no hay otro libro como el de Apocalipsis que dé esta promesa. Yo creo que todos nosotros deseamos adquirir una bendición especial de Dios.

Sigamos leyendo. Cuando leemos el libro de Apocalipsis y los eventos proféticos podremos…

2. **Entender quiénes somos**. En el libro de Eclesiastés 3:11 (Reina-Valera), vemos lo siguiente: "**Todo lo hizo hermoso en su tiempo; y ha puesto eternidad en el corazón de ellos, sin que alcance el hombre a entender la obra que ha hecho Dios desde el principio hasta el fin**".

La escritura es clara y nos dice que **él ha puesto eternidad en el corazón del hombre**.

Es importantísimo que tomemos un momento y pensemos en lo que acabamos de leer. "Dios ha puesto eternidad en nuestros corazones". ¿Qué significa esto?

No importa cuál sea su concepto de Dios, hay algo que no se puede negar: "usted y yo viviremos para siempre", las escrituras lo demuestran. Ahora, el asunto es, ¿dónde viviremos por toda la eternidad?, la Biblia nos habla de dos lugares: "el paraíso y el infierno".

El libro de Romanos nos aclara este aspecto aún más: "**Porque la paga del pecado es <u>muerte</u>, mas la dádiva de Dios es vida eterna en Cristo Jesús Señor nuestro**". (Romanos 6:23).

La palabra **"paga"**, en el griego, es la palabra **"Opsonion"**, la cual significa "recompensa"; en otras palabras, esta escritura se puede leer como: **"la recompensa por nuestros pecados es la muerte"**.

Usted puede decir: "ese versículo dice que sí vamos a morir". ¡NO!, esa palabra, "muerte", es la palabra **"Thanatos"**, la cual significa "muerte temporal"; esta palabra también implica muerte o separación espiritual, pero en ningún lugar de la Biblia vemos que nosotros vamos a cesar de existir, nuestro cuerpo muere, pero nuestra alma (lo más importante de nuestro ser), seguirá viviendo por toda una eternidad.

3. El juicio de Dios. La escritura lo pone así: **"Está escrito: Tan cierto como que yo vivo "dice el Señor", ante mí se doblará toda rodilla y toda lengua confesará a Dios. Así que cada uno de nosotros tendrá que dar cuentas de sí a Dios".** (Romanos 14:11-12).

He escuchado a muchos cristianos decir "yo he puesto mi fe en Jesús, ya no tengo que dar cuentas de nada"; ¡no es verdad!, todos tendremos que dar cuentas de nuestras acciones.

Lo que esta escritura implica, es el hecho de que el juicio que enfrentaremos el día que estemos enfrente de nuestro creador va a tener ETERNAS CONSECUENCIAS, ¿me entiende? Cada uno tendrá que dar cuenta de sí mismo a Dios.

Debemos entender que para el cristiano, el juicio, será con respecto a nuestras acciones; la cuestión sobre si vamos al cielo o al infierno no entra a tomar parte de este juicio ya que el creyente tiene el cielo asegurado desde el momento en que invita a Jesús a morar en su corazón. **"El que tiene al Hijo, tiene la vida; el que no tiene al Hijo de Dios, no tiene la vida".** (1 Juan 5:12).

"que, si confiesas con tu boca que Jesús es el Señor, y crees en tu corazón que Dios lo levantó de entre los muertos, serás salvo.[10] Porque con el corazón se cree para ser justificado, pero con la boca se confiesa para ser salvo". (Romanos 10:9-10).

El juicio que todo creyente tendrá que pasar tiene que ver con nuestras acciones mientras estuvimos en esta tierra, es decir, lo que hemos o no hemos hecho de acuerdo con la voluntad de Dios.

"¡Miren que vengo pronto! Dice Jesús. Traigo conmigo mi recompensa, y le <u>pagaré a cada uno según lo que haya hecho</u>. Yo soy el Alfa y la Omega, el Primero y el Último, el Principio y el Fin". (Apocalipsis 22:12-13).

Una vez más la escritura es clara, Jesús mismo toma el tiempo para hablarnos, es como si él tomara un pincel y una tela, y empezara a pintarnos un retrato de lo que sucederá cuando regrese por su iglesia. Él nos dice "traigo recompensa".

El libro de Juan nos da a conocer las credenciales de quien nos está hablando: **"Yo soy el <u>camino</u>, la <u>verdad</u> y la <u>vida</u>. Nadie <u>llega al Padre</u> sino por mí. Si ustedes realmente me conocieran, conocerían también a mi Padre. Y ya desde este momento lo conocen y lo han visto".** (Juan 14:6-7).

La otra razón del porqué es importante estar al tanto de eventos proféticos y de la palabra que se encuentra en el libro de Apocalipsis es porque…

4. **No todos entrarán al reino de los cielos**. Mateo nos dice lo siguiente: **"No todo el que me dice: "Señor, Señor" entrará en el reino de los cielos, sino solo el que hace la voluntad de mi padre que está en el cielo. Muchos me dirán en aquel día: "Señor, Señor, ¿no profetizamos en tu nombre, y en tu nombre expulsamos demonios e hicimos muchos milagros?" Entonces les diré claramente: "Jamás los conocí. ¡Aléjense de mí, hacedores de maldad!".** (Mateo 7:21-23).

La importancia de esta escritura es indiscutible. La clave, sin duda alguna, está en el versículo 21, donde Cristo mismo nos dice que para poder tener vida eterna debemos "hacer la voluntad de su Padre". Entonces, la pregunta obvia para todos nosotros tiene que obligadamente ser: ¿tenemos certeza de la voluntad de Dios? ¿Hay duda alguna de que estamos haciendo la voluntad del Padre en nuestras vidas?

Como seguidores de Cristo debemos hacernos esta pregunta, ya que el llegar a la iglesia todos los domingos no va a ser suficiente. Tomará más que leer la Biblia, tomará más que ser altruistas; debemos hacer la voluntad del Padre, y para poder hacer la voluntad del Padre debemos, primero que nada, "saber" cuál es la voluntad de Él.

Mateo 7:21-23, es un pasaje que siempre debería estar presente en nuestras vidas, ya que nos ayuda a ajustar nuestra brújula espiritual. Como cristianos, debemos preguntarnos constantemente si estamos haciendo la voluntad del Padre, y también debemos cuestionar los motivos que tenemos cuando estamos haciendo la voluntad del Padre. Esta porción de las escrituras siempre debería infundir temor (en el buen sentido de la palabra), porque es de suma importancia que me cerciore de que estoy haciendo la voluntad del Padre y no la mía. Cuando yo llegue a la presencia de mi Creador, no me quiero encontrar con la sorpresa de que yo no estaba haciendo su voluntad sino la mía, este es un riesgo que no quiero correr.

Apocalipsis ilustra bien este punto: "**Conozco tus obras; sé que no eres ni frío ni caliente. ¡Ojalá fueras lo uno o lo otro! Por tanto, como no eres ni frío ni caliente, <u>sino tibio</u>, estoy por vomitarte de mi boca**". (Apocalipsis 3:15-16).

Hay una diferencia evidente entre aquel que dice ser cristiano y el que VERDADERAMENTE es cristiano.

La última razón de porqué Dios quiere que veamos estos asuntos es:

5. **El Rapto.** Las escrituras son claras y nos dicen que Cristo vendrá como el abrir y cerrar de ojo. "**Hermanos, no queremos que ignoren lo que va a pasar con los que ya han muerto, para que no se entristezcan como esos otros que no tienen esperanza. [14]¿Acaso no creemos que Jesús murió y resucitó? Así también Dios resucitará con Jesús a los que han muerto en unión con él. [15]Conforme a lo dicho por el Señor, afirmamos que nosotros, los que estemos vivos y hayamos quedado hasta la venida del Señor, de ninguna manera nos adelantaremos a los que hayan muerto. [16]El Señor mismo descenderá del cielo con voz de mando, con voz de arcángel y con trompeta de Dios, y los muertos en Cristo resucitarán primero. [17]Luego los que estemos vivos, los que hayamos quedado, seremos arrebatados junto con ellos en las nubes para encontrarnos con el Señor en el aire. Y así estaremos con el Señor para siempre. [18]Por lo tanto, anímense unos a otros con estas palabras**". (1 Tesalonicenses 4:13-18).

Otra escritura que nos reitera ese mismo punto nos dice: "**Así que recuerda lo que has recibido y oído; obedécelo y arrepiéntete. Si no te mantienes despierto, cuando menos lo esperes caeré sobre ti como un ladrón**". (Apocalipsis 3:3).

No sé si usted se puede identificar con el papel que un ladrón tiene que desempeñar, pero yo sí me puedo identificar con eso. Cuando yo era un muchachito de unos 11 a 12 años de edad, sin duda alguna era muy travieso. Yo perdí a mi padre cuando tenía

8 años; a esa misma edad, Dios en su misericordia, había puesto a una persona que tomaría el rol de papá hasta que yo saliera de Sudamérica, a los 20 años de edad. Mi tío José Costa Rófes era un español (catalán), que se había mudado a Chile buscando una mejor vida que la que había tenido en España. En los años treinta, España pasó por momentos muy difíciles ya que el gobierno de ese país se puso muy inestable, consecuentemente, muchos españoles se mudaron a Sudamérica. Después de mucho sacrificio y arduo trabajo, mi tío pudo obtener una vida que fue relativamente cómoda; en esa comodidad, él pudo adquirir una gran colección de estampillas que a mí me llamaban mucho la atención. Hubo varias ocasiones en las cuales mis tíos salían de la casa, y yo aprovechaba para entrar muy callado a su apartamento (el cual estaba al lado del nuestro). Mi intención era ver su colección de estampillas y apoderarme de algunas de ellas también, (digo esto con vergüenza ya que sé que esto no estaba bien); mi preparación era tenaz ya que no quería ser descubierto. Un ladrón entra a una casa con la intención de no ser descubierto, de no hacer ruido para alertar a aquellos que duermen o están en la casa, el ladrón no manda aviso diciendo: "a la una de la mañana estaré llegando a tu casa para apoderarme de lo que te pertenece". El ladrón solo llega cuando uno menos lo espera, de igual modo vendrá Jesús, cuando menos lo esperemos.

¿Está listo? Si Cristo llegara en este momento, ¿hay seguridad en su vida de que usted se irá al cielo? ¿Hay alguna duda en su vida hoy? Asegúrese de que usted está bien con él. En las páginas 36 a 40 del capítulo 2 de este libro, le doy direcciones de cómo puede uno tener la seguridad de que va a recibir lo que Dios ha preparado para sus hijos por toda una eternidad.

La Biblia no es vaga con respecto a quién no entrará al reino de los cielos. Las escrituras son explícitas y nos dicen: el fornicador, el mentiroso, el ladrón, el que comete adulterio, no entrará al reino de los cielos a menos de que se arrepienta.

Es posible que usted diga: "¡Yo no he cometido adulterio!", pero la Biblia es clara; "**Pero yo les digo que cualquiera que mira a una mujer y la codicia ya ha <u>cometido adulterio</u> con ella en el corazón**". (Mateo 5:28). Lo mismo se aplica cuando una mujer mira a un hombre de igual manera.

La Biblia también nos dice que el asesino no entrará al reino de los cielos. Es posible que usted diga: "¡Yo no he matado a nadie!" La primera epístola de Juan cita: "**Todo el que "odia" a su hermano <u>es un asesino</u>, y ustedes saben que <u>en</u> ningún asesino permanece la vida eterna**". (1 Juan 3:15).

No hay duda alguna de que esta vida es difícil y que las tentaciones son muchas. Es fácil dejarse llevar por las cosas que este mundo ofrece, pero es muy importante que nosotros confiemos en el Señor y no nos dejemos ir por nuestro propio entendimiento. Debemos avanzar el reino de los cielos, y eso implica ir en contra de viento y marea para poder mantenernos santificados y así hacer la voluntad del Padre. En el libro de Mateo leemos esto: "**el reino de los cielos ha venido avanzando contra viento y marea, y los que se esfuerzan logran aferrarse a él**". (Mateo 11:12).

Yo soy el camino, la verdad y la vida. Nadie llega al Padre sino por mí. El único camino que nos lleva al Padre y consecuentemente a la vida eterna es Jesús. Hagamos su voluntad y veremos la recompensa que durará toda una eternidad.

CAPÍTULO II

Un Lugar Celestial

Oración – *Señor, muéstranos el valor y la importancia que hay en servirte. Abre nuestro entendimiento para anhelar todo lo que nos tienes preparado. Ayúdanos a no aferrarnos tanto a esta vida y ayúdanos a hacer tesoros en el cielo donde tú tienes preparado algo increíble para nosotros.*

El 81% de los norteamericanos cree que hay un paraíso, pero esas mismas personas dirán que ellos no tienen idea de cómo será el paraíso. Creo que la razón por la que Dios no nos da gran cantidad de información con respecto al cielo, es porque si supiéramos mucho de ello, todos quisiéramos estar ahí en este preciso momento.

1 Corintios 2:9 lo describe de esta manera: "**Sin embargo, como está escrito: «Ningún ojo ha visto, ningún oído ha escuchado, ninguna mente humana ha concebido lo que Dios ha preparado para quienes <u>lo aman</u>»**".

En el lenguaje original, la palabra "aman" es la palabra **agapaō**, esta palabra significa: "deleitan". Entonces la escritura nos hace saber que Dios tiene preparado algo maravilloso para aquellos que se "deleitan" en Él. ¿Es usted una persona que se deleita en Dios? ¡Espero que sí!

Me encanta la siguiente historia ya que ilustra el punto que estoy tratando de explicar: Un misionero que había estado en África por 25 años, viajaba de regreso a Estados Unidos, y en el mismo barco venía el presidente Roosevelt (1901-1909). Al llegar al puerto de Nueva York, el misionero vio la celebración y toda la gente que había llegado para darle la bienvenida al presidente; entonces él comenzó a reclamarle a Dios: "3 semanas en África ha estado el presidente matando animales, yo he estado ahí 25 años como misionero y nadie ha venido a darme la bienvenida ya que he llegado a casa". Fue ahí donde el misionero se acordó que él todavía no estaba en casa (la presencia de Dios). Será solo cuando lleguemos a nuestra morada celestial que recibiremos esa clase de recepción.

En el capítulo 19 del libro de Apocalipsis, Juan dice: **"Entonces vi el cielo abierto" (Nueva Traduccion Viviente).** Juan pudo escribir el libro de Apocalipsis y entre muchas otras cosas dejó una evidencia concreta sobre el lugar que Jesús ha preparado para su gente. Juan lo pudo hacer porque Dios se lo mostró para dejarlo plasmado como un anticipo de la gloria que espera al que abre su corazón a Jesucristo.

Veamos en detalle lo que nos espera:

"Después vi un cielo _nuevo_ y una tierra _nueva_, porque el primer cielo y la primera tierra habían dejado de existir, lo mismo que el mar". (Apocalipsis 21:1).

El paraíso es un lugar perfecto. La escritura nos dice que el mar ha dejado de existir en el cielo. ¿No hay mar?, ¿por qué? Si nos ponemos a pensar, el mundo está compuesto por más de 70% de agua, el mar nos separa el uno al otro. ¿Se ha puesto a pensar qué fácil sería llegar a otros países/continentes en el mundo si no hubiera mar? En el cielo no habrá separación, Dios desea que estemos juntos. ¿Cuántos de nosotros estamos hoy separados de personas que amamos por el hecho de que ellos viven en Europa, Asia, Australia, etc.? Creo que la otra razón por la que no habrá mar en el cielo es porque el mar nos trae una cantidad increíble de paz y tranquilidad. Muchos de nosotros anhelamos llegar a la playa para escuchar las olas del mar, recibir tranquilidad y despojarnos de nuestro estrés. En el cielo, Dios será nuestra paz, nuestra tranquilidad, y no habrá necesidad de escuchar las olas del mar ya que el estrés no estará con nosotros.

"Vi además la ciudad santa, la nueva Jerusalén, que bajaba del cielo, procedente de Dios, preparada como una novia hermosamente vestida para su prometido". (Apocalipsis 21:2).

El paraíso es un lugar que ha sido preparado. Jesús les dijo a sus discípulos: **"Iré a preparar un lugar para que ahí donde yo esté ustedes también estén conmigo".**

Dos semanas antes de casarme, habíamos rentado una casa, mientras yo vivía solo en ese lugar, me dediqué a prepararlo para mi futura esposa. El cielo es un lugar exquisito y preparado especialmente para usted. Él sabe lo que a usted le gusta, cómo le gusta la luz en la mañana, cómo le gusta la temperatura en el cuarto, etc. El paraíso es un lugar que ha sido preparado con usted en mente y especialmente para nosotros.

"Oí una potente voz que provenía del trono y decía: «¡Aquí,

entre los seres humanos, está la morada de Dios! Él acampará en medio de ellos, y ellos serán su pueblo; Dios mismo estará con ellos y será su Dios.[4] Él les enjugará toda lágrima de los ojos. Ya no habrá muerte, ni llanto, ni lamento ni dolor, porque las primeras cosas han dejado de existir»". (Apocalipsis 21:3-4).

En el paraíso no habrá más sufrimiento. ¿Está sufriendo en su matrimonio? ¿Está sufriendo físicamente? Cuando lleguemos al cielo no habrá vidas quebradas, no habrá enfermedad, no habrá funerales, no habrá hospitales, no habrá cáncer, no habrá dolor, no habrá falta de esperanza, no habrá diabetes, no habrá ceguera, no habrá parálisis. Cuando lleguemos al cielo, Dios mismo va a enjugar nuestras lágrimas. **"Él les enjugará toda lágrima de los ojos"**. (Apocalipsis 21:4). Creo que esas lágrimas serán lágrimas de alegría, alegría de saber que finalmente podemos verlo a Él y a nuestros seres queridos. ¡El cielo es un lugar perfecto!

"El que estaba sentado en el trono dijo: «¡Yo hago nuevas todas las cosas!» Y añadió: «Escribe, porque estas palabras son verdaderas y dignas de confianza»". (Apocalipsis 21:5).

El paraíso es un lugar nuevo. No hay nada como tener algo nuevo. En la ciudad de San José, California, vivimos por 7 años en una casita que había sido construida en los años 40, era una casita linda pero no era nueva; cuando nos mudamos a Reno pudimos comprar una casa nueva, ¡la diferencia fue enorme! Cuando estamos en un lugar nuevo, tenemos la seguridad de que ese lugar va a durar mucho tiempo, tenemos la seguridad de que es confiable y nos sentimos a gusto de estar ahí.

"La muralla de la ciudad tenía doce cimientos, en los que

estaban los nombres de los doce apóstoles del Cordero". (Apocalipsis 21:14).

El paraíso es un lugar estable. 12 cimientos, esto nos da a entender el hecho de que este lugar no se va a mover. Vivimos en mundo que no es estable, donde en cualquier momento algo puede suceder, en el paraíso no nos tendremos que preocupar de eso. En California y Nevada puede haber un terremoto en cualquier momento; el golfo del sur de Estados Unidos puede inundarse en cualquier momento. Cuando visité Cuba por primera vez, pude ver muchos árboles inmensos que habían sido arrancados de raíces por los tornados y huracanes en esa zona del mundo. Hace unos días hubo un fuerte terremoto en el oeste de Sumatra, también ha habido grandes inundaciones en las Filipinas, ¡este mundo no es estable!

"El ángel que hablaba conmigo llevaba una caña de oro para medir la ciudad, sus puertas y su muralla. [16]La ciudad era cuadrada; medía lo mismo de largo que de ancho. El ángel midió la ciudad con la caña, y tenía dos mil doscientos kilómetros: su longitud, su anchura y su altura eran iguales". (Apocalipsis 21:15-16).

EL paraíso es un lugar físico (real). El ángel nos da la medida de 2,200 Kilómetros (1,400 millas cuadradas o 7,217,760 pies cuadrados). El escritor norteamericano Henry Morris, elabora este punto con el siguiente ejemplo: si hubiese 20 billones de personas en el paraíso, cada persona tendría 75 acres de tierra, y todavía habría lugar para parques y lugares de diversión. El cielo es un lugar físico y es muy grande. Los versículos 17-18 nos dicen: **"Midió también la muralla, y tenía sesenta y cinco metros, según las medidas humanas que el ángel empleaba. [18]La muralla estaba hecha de jaspe, y la ciudad era de oro**

puro, semejante a cristal pulido". Las murallas eran de 200 pies de ancho. ¡Es increíble ver estos versos en la Biblia! Con cada verso que leemos, Dios está reiterando el hecho de que este lugar es real y muy pronto estaremos disfrutando lo que Él ha preparado para nosotros. Permisión from Graham book.

Usted puede ser la persona más afortunada en este mundo y puede tener la colección de arte más maravillosa de este planeta: Da Vinci, Van Gogh, Picasso, El Greco, etc. Hoy, usted puede disfrutar de los lujos más grandes en este mundo: una preciosa casa en el mejor lugar de la ciudad, preciosos autos, lindas joyas, vestimentas muy caras; déjeme decirle que nada se compara con lo que Dios ha preparado para sus hijos. Lo que Dios está preparando para usted y para mí no se compara con nada que hayamos visto en este mundo. Con razón Pablo dice: **"Ningún ojo ha visto, ningún oído ha escuchado, ninguna mente humana ha concebido lo que Dios ha preparado para quienes lo aman".** (1 Corintios 2:9).

Es por eso que es de suma importancia que le demos a conocer a otros el amor de Cristo. Si realmente amamos a otros debemos darles a conocer el poder redentor de un Jesucristo que está listo para perdonar y aceptar a todo el que viene a Él.

"Las doce puertas eran doce perlas, y cada puerta estaba hecha de una sola perla. La calle principal de la ciudad era de oro puro, como cristal transparente". (Apocalipsis 21:21).

El paraíso es de suma belleza. Cada puerta es una perla. ¿Se imagina el tamaño que debe tener esa perla? No hay duda alguna de que nuestro planeta es de increíble belleza. Muchos de nosotros hemos tenido la oportunidad de visitar lugares de gran belleza, belleza que a veces nos deja con la boca abierta.

Si usted ha tenido la oportunidad de visitar el Gran Cañón en Arizona, las islas de Hawái, el parque Nacional de Yosemite, Alaska, el sur de Chile, la pampa Argentina, Europa y tantos otros lugares, usted se da cuenta de lo que estoy hablando.

"No vi ningún templo en la ciudad, porque el Señor Dios Todopoderoso y el Cordero son su templo". (Apocalipsis 21:22).

El paraíso es la casa de Dios. Es en este lugar donde el Padre, El Hijo y el Espíritu Santo morarán. En el Antiguo Testamento, el sacerdote podía entrar al santuario solamente una vez al año para estar en la presencia de Dios. En el cielo habitaremos el lugar donde Dios vive, no tendremos que hacer nada para entrar a su presencia, estaremos en ella todo el tiempo, no habrá templos porque Él es el templo. Ya no tendremos que vivir por fe sino que podremos vivir por lo que vemos. ¡Veremos a Dios todo el tiempo!

Ahora que ya hemos dado una descripción de este lugar de tanta belleza, es importante que nos concentremos en algo más.

En el capítulo 21, versículo 8 del libro de Apocalipsis, nos podemos dar cuenta de quién no entrará a este lugar.

8 **"Pero los <u>cobardes</u>, <u>incrédulos</u>[a], <u>abominables</u>, <u>asesinos</u>, <u>inmorales</u>, <u>hechiceros</u>, <u>idólatras</u> y <u>todos los mentirosos</u> tendrán su herencia en el lago que arde con fuego y azufre, que es la muerte segunda".**

¡La cosa es seria! Dios tiene algunos requisitos que son bastante demandantes, pero Él tiene todo el derecho a exigir eso ya que es su reino. 8 tipos de personas que no van a entrar a su reino (esto es muy importante de saberlo).

También, es bueno recordar el pasaje donde vimos lo que el cielo NO tendrá:

El cielo — Juan describe el cielo como un lugar donde:

No habrá muerte.
No habrá penas.
No habrá dolor.
No habrá sufrimiento.
No habrá llanto.

Juan también nos describe un lugar con características totalmente opuestas al cielo, aquí vemos lo que él escribe sobre el infierno:

El infierno es un lugar donde los dientes van a rechinar por toda una eternidad.

El infierno es un lugar que no tiene fondo, la Biblia describe este lugar como un lugar donde no existe la seguridad.

El infierno es un lago, siempre cambiando, no es estable.

En el infierno también habrá oscuridad. Las escrituras no nos dejan duda alguna con respecto a este asunto.

"Pero a los súbditos del reino <u>se les echará afuera, a la oscuridad</u>, donde habrá llanto y rechinar de dientes". (Mateo 8:12).

"Entonces el rey dijo a los sirvientes: "Átenlo de pies y manos, y échenlo afuera, <u>a la oscuridad</u>, donde habrá llanto y rechinar de dientes". (Mateo 22:13).

Si alguien quiere ir al infierno para estar con una persona que ama, no pierda el tiempo porque el infierno es oscuro y lo más seguro es que no podrá ver a esa persona de todos modos. ¿Y quién quiere estar al lado de una persona que está en agonía todo el tiempo?

El infierno es un lugar donde la soledad reina, hay mucha gente, pero aun así no habrá compañía; siempre sufriendo, siempre deprimido y solitario por toda la eternidad. El infierno es un lugar donde la sed nunca se va a saciar, donde hay calor y fuego que no consume pero causa dolor. Dios desea que nadie vaya a ese lugar.

"Porque de tal manera amó Dios al mundo, que ha dado a su Hijo unigénito, para que todo aquel que en él cree, <u>no se pierda</u>, mas tenga vida eterna. Porque no envió Dios a su Hijo al mundo para condenar al mundo, sino para que el mundo sea salvo por él". (Juan 3:16-17).

La voluntad de Dios es que nadie perezca, Él no nos manda al infierno, ¡esa decisión la hacemos nosotros al rechazar su amor!

El cielo es la casa de Dios y es Él quien determina quién entra en su casa. Si usted ha recibido a Jesús en su corazón y está haciendo su voluntad, cuando usted llegue al cielo podrá morar con Él por toda una eternidad. Solamente aquellos que hayan aceptado a Jesús en su corazón y hacen su voluntad, heredarán el reino de los cielos; esto no es mi opinión sino lo que la Biblia nos dice.

Al final del siglo 19, el famoso predicador norteamericano D. L. Moody iba a predicar en la ciudad de Londres, un niño de la calle quería entrar a verlo pero no lo dejaban ya que él estaba muy sucio; al estar sentado en las escaleras de la catedral, muy triste, él ve llegar un coche de donde salió un hombre muy distinguido. Este hombre, al ver a aquel muchacho muy triste le preguntó: ¿qué haces en este lugar?, el muchachito le contestó: "he venido a escuchar a D. L. Moody, pero no me dejan entrar porque estoy muy sucio". El señor lo tomó de su mano y lo llevó al frente de la iglesia, donde el chico pudo sentarse a escuchar a ese gran predicador. ¡El señor que lo llevó de la mano fue D.L. Moody!

Si usted no ha tomado la mano de Jesús, tómela, es la única manera de entrar a ese lugar celestial que Dios ha estado preparando para usted.

La razón por la que debemos entender todo esto, es porque hay veces que tenemos conceptos erróneos de lo que nos espera y nos perdemos nosotros mismos los beneficios o bendiciones que Dios nos tiene. Cuando no sabemos la verdad, perdemos la bendición, porque ésta no se encuentra en la mentira o en la falta de conocimiento.

Desde que éramos niños se nos ha inculcado que cuando morimos pasamos a ser angelitos, nos crecen unas alitas y San Pedro nos da a cada uno una nube y un arpa para toda la eternidad. ¡Esa no es la realidad de lo que nos espera! ¡Hay mucho más que eso! Nuestra vida será llena de gozo, de paz, de amor, sin pecado, y como si eso fuera poco, gozando de todo ello en un lugar de increíble esplendor.

Quiero dar algunos detalles más de preguntas que muchas veces la gente hace:

¿El mundo y el cielo serán destruidos? ¡No!

Apocalipsis 21:1 nos dice: "**Vi un cielo nuevo y una tierra nueva**". La palabra "nuevo(a)" en el lenguaje original, es la palabra **"kainos"** (καινός), la cual significa: **"renovado"**. La tierra y el cielo serán lo mismo que tenemos hoy pero miles de veces mejor, es decir, como Dios lo había intentado desde el principio de la creación. Acuérdese lo que dice Génesis 1:31, "**Dios miró todo lo que había hecho, y consideró que era <u>muy bueno</u>**".

No habrá mar, pero, ¿habrá agua en el cielo? ¡Sí!

Apocalipsis 22:1-2 nos da estos detalles: "**Luego el ángel me mostró <u>un río de agua</u> de vida, claro como el cristal, que salía del trono de Dios y del Cordero, ²y corría por el centro de la calle principal de la ciudad. A cada lado del río estaba el árbol de la vida, que produce doce cosechas al año, una por mes; y las hojas del árbol son para la salud de las naciones**".

¿Tendrá nuestro nuevo cuerpo carne y hueso? ¡Sí!

"**Miren mis manos y mis pies. ¡Soy yo mismo! Tóquenme y vean; un espíritu no tiene <u>carne ni huesos</u>, como ven que los tengo yo**". (Lucas 24:39). Este pasaje de escritura describe a Jesús <u>después</u> de su resurrección.

"**Él <u>transformará</u> nuestro cuerpo miserable <u>para que sea como su cuerpo</u> glorioso, mediante el poder con que somete a sí mismo todas las cosas**". (Filipenses 3:21).

Las personas en el cielo hoy, ¿pueden ver lo que está sucediendo aquí en la tierra? Creo que hasta cierto punto sí. La Biblia dice: "**Gritaban a gran voz: «¿Hasta cuándo, Soberano Señor, santo**

y veraz, ¿seguirás sin juzgar a los habitantes de la tierra y sin vengar nuestra muerte?»". (Apocalipsis 6:10).

Yo era de las personas que decían que los que están en el cielo ya no nos pueden ver; al ver nuestro sufrir, el cielo no sería cielo, pero después de estudiar las escrituras, puedo entender que es posible que las personas que están en el cielo hoy, puedan, hasta cierto punto, ver lo que está o no está sucediendo en la tierra. En la escritura anterior, ellos se pueden dar cuenta de que Dios todavía no ha vengado su muerte (mártires).

En conclusión, cuando hablamos de este lugar que Dios ha preparado para cada creyente, debemos tener en mente que ha sido preparado especialmente para usted; debemos también tener en mente que este lugar, aunque está a nuestra disposición por la gracia absoluta de Dios, también requiere que nosotros tomemos pasos para llegar al mismo.

La pregunta obvia aquí es: ¿cómo puedo saber que voy a ir al cielo por toda la eternidad cuando yo muera?

Asegúrese de que su fe está en Jesús. **"Que, si confiesas con tu boca que Jesús es el Señor, y crees en tu corazón que Dios lo levantó de entre los muertos, serás salvo. [10]Porque con el corazón se cree para ser justificado, pero con la boca se confiesa para ser salvo"**. (Romanos 10:9-10).

Acepte a Jesús en su corazón y será salvo. La vida eterna viene a través del hijo y nadie más. Jesús mismo nos dijo: **"Yo soy el camino, la verdad y la vida. Nadie llega al Padre sino por mí"**. (Juan 14:6).

Juan 3:36 lo pone así: **"El que cree en el Hijo tiene vida eterna;**

pero el que rechaza al Hijo no sabrá lo que es esa vida, sino que permanecerá bajo el castigo de Dios".

Sea obediente. La Biblia nos dice que cuando nuestra fe está en Dios, nosotros, entonces somos sus hijos. Si usted es padre o madre, usted espera que sus hijos sean obedientes, lo mismo espera nuestro Padre Celestial. Este versículo en el Antiguo Testamento refleja lo que Dios espera de sus hijos:

"Ciertamente el <u>obedecer</u> es mejor que los sacrificios". (1 Samuel 15:22).

Crezca en su fe y conocimiento de Dios. Es de suma importancia que usted lea y estudie su Biblia, y reciba ayuda de una persona que pueda llegar a ser su padre o madre espiritual. Dios espera que nosotros crezcamos en nuestro conocimiento de Él. Este verso nos da una idea de lo que pasa cuando nosotros no crecemos en el conocimiento de Dios: **"Pues <u>por falta de conocimiento mi pueblo ha sido destruido</u>. Puesto que rechazaste el conocimiento, yo también te rechazo como mi sacerdote. Ya que te olvidaste de la ley de tu Dios, yo también me olvidaré de tus hijos".** (Oseas 4:6). El no crecer en nuestro conocimiento con respecto a Dios, no solo afecta nuestra vida personal sino que también afecta a nuestros hijos. Es imperativo que usted busque una iglesia donde la Biblia sea el cimiento de ella; la importancia de congregarse en una iglesia donde Jesús es el centro de todo lo que se hace en ese lugar es incalculable. Si usted está en una iglesia que es sana, podrá llegar a crecer en su fe como Dios lo quiere. Busque un lugar donde pueda ser discipulado personalmente por un miembro de buena madurez espiritual (en otras palabras, una persona que pueda llegar a ser un padre espiritual para usted).

Háblele a otros del amor de Cristo. A medida que usted va creciendo en su fe, también debe dar a conocer esa esperanza que yace en su vida; alguien le habló a usted, ahora, usted debería hablarle a alguien que todavía no conoce del amor de Cristo. La Biblia es específica con respecto a este tema: "… **Les dijo: 'Vayan por todo el mundo y anuncien las buenas nuevas a toda criatura'".** (Marcos 16:15). También en el Nuevo Testamento encontramos esto: **"Predica la Palabra; persiste en hacerlo, sea o no sea oportuno; corrige, reprende y anima con mucha paciencia, sin dejar de enseñar".** (2 Timoteo 4:2).

Haga discípulos. El momento en que puso su fe en Cristo, usted se convirtió en su discípulo, es de gran importancia que crezca en el conocimiento de Dios para que también pueda ayudar a otros a hacer lo mismo. Dios les dio este mandato a aquellos que le seguían: **"Por tanto, vayan y hagan discípulos de todas las naciones, bautizándolos en el nombre del Padre y del Hijo y del Espíritu Santo".** (Mateo 28:19).

He incluido un bosquejo en la siguiente página que ilustra la importancia de arrepentirnos de nuestros pecados para poder obtener el perdón de Dios.

| El Puente de Vida |

I. El Pecado nos separa de Dios.

El Pecado nos lleva a...

Son las inequidades de ustedes que los separa de Dios.(Isaías 60:2)
Pues todos han pecado están privados de la Gloria de Dios. (Romanos 3:23)

II. Nos lleva a la muerte y al juicio de Dios.

La Solución...

Está establecido que los seres humanos mueran una sola vez, y después venga el juicio. (Hebreos 9:27)
Ellos sufrirán el castigo de la destrucción eterna lejos de la presencia del Señor. (Tesalonicenses 1:8-9)

III. Jesús murió por nuestros pecados, Él es el camino a Dios.

¿Todos pueden llegar a Dios?

Porque tanto amó Dios al mundo, que dió a su Hijo unigénito, para que todo el que en Él crea, no se pierda sino que tenga vida eterna. (Juan 3:16)

IV. ¡Sí! Jesús es nuestro puente a Dios.

Mira que estoy a la puerta y llamo. Si alguno oye mi voz y abre la puerta, entraré y cenaré con él y él conmigo. (Apocalipsis 3:20)

Me encanta el canto de John Newton (1725-1807), Sublime gracia (Amazing Grace). Hay una parte en ese canto que tiene una profundidad increíble ya que el escritor describe el futuro del creyente.

La letra en inglés dice lo siguiente: *When we've been here ten thousand years Bright shining as the sun. We've no less days to sing God's praise than when we've first begun.*

Cuando el canto fue traducido al castellano, la letra quedó así: *Y cuando en Sión por siglos mil, brillando esté cual sol, yo cantaré por siempre allí, su amor que me salvó.* La traducción no es literal ya que no encaja con la melodía original del canto.

Yo quise traducirla literalmente para que usted se dé cuenta de lo que espera al que ha puesto su fe en Cristo, vea: *Cuando hemos estado aquí (en el cielo) diez mil años brillando como el sol, sin menos días para cantar alabanzas a Dios que el primer día cuando recién comenzamos.*

Como dije antes, si nosotros tuviéramos un concepto preciso con respecto al cielo, nosotros ya quisiéramos estar en ese lugar.

Capítulo III

Israel, pueblo de Dios

Oración – *Padre, tú elegiste al pueblo de Israel y lo hiciste con propósito en tu corazón. Ayúdanos a entender la importancia de ser aliados y no enemigos de tu pueblo escogido.*

No hay duda alguna de que estamos viviendo tiempos incomparables en la historia del hombre. ¿Cuáles son las señales que indican que las cosas están cambiando?

Hace un tiempo atrás, las noticias reportaron un gran ciclón en el país de Birmania donde hubo más de 84,000 muertes. Debido a ello se perdieron muchas tierras donde se cultivaba el escaso arroz, y 2.5 millones de personas quedaron sin vivienda. En Tailandia, el principal exportador de arroz en el mundo, se vio cómo el precio del mismo subió el doble algunos años atrás.

La escasez de comida y los precios que se tienen que pagar por ella han causado protestas y violencia en Egipto, México, las Filipinas, Indonesia y otros lugares en África. En Tailandia y en las Filipinas, se han tenido que poner guardias armados para proteger las cosechas.

En los últimos años, Estados Unidos ha sido azotado con huracanes e inundaciones, éstas, en varias ciudades del país (por nombrar algunas catástrofes).

No es difícil, hoy en día, darnos cuenta de que este mundo está cambiando rápidamente, y por ello, es importante que nosotros reconozcamos las señales que nos confrontan todos los días. A medida que ponemos atención a los cambios que están ocurriendo alrededor de nosotros y los comparamos con las escrituras, podremos adquirir un sentido de urgencia, y no solo esto, sino que también podremos adquirir un sentido de dirección y así podremos llegar a demostrar nuestra fe en todo lo que hagamos.

Vivimos en un mundo donde el temor, el pánico, la preocupación y el miedo están a la orden del día.

Si hay algo que produce temor y desesperación, es la falta de conocimiento. La Biblia nos dice **"Mi pueblo perece por falta de conocimiento"**. (Oseas 4:6). La mejor manera de obtener el conocimiento de Dios es a través de la Biblia, ésta es imprescindible para nuestra vida porque es lo único que no ha cambiado y nunca cambiará; podemos confiar en la Biblia porque es la palabra infalible de Dios.

Sí, es verdad que vivimos en tiempos difíciles, pero la Biblia nos dice lo siguiente: "**No se preocupen ni tengan miedo** por lo que va a pasar pronto". (Juan 14:27).

Para saber qué es lo que va a pasar pronto, es importante que veamos lo que la Biblia nos dice. Jesús mismo nos habló de la importancia de reconocer las señales de los últimos días. Los libros de Mateo (capítulo 24) y Marcos (capítulo 16), son dos partes donde podemos encontrar respuestas concretas sobre este tema.

Una de las cosas que nos ayuda a entender lo que está a punto de suceder en este mundo, es cuando observamos lo que está ocurriendo en Israel; creo que Israel es como un libro, que al dar vuelta a sus páginas, nos enseña y revela mucho sobre las profecías que se encuentran en la Biblia.

El 14 de Mayo de 1948, fue un día de suma importancia para toda la humanidad. Ese día, Israel se convirtió en una nación nuevamente, ese día, la promesa que el profeta Isaías había escrito 740 años antes del nacimiento de Cristo, se cumplió.

"¿Quién ha oído cosa semejante? ¿Quién ha visto jamás cosa igual? ¿Puede una nación nacer en un solo día? ¿Se da a luz un pueblo en un momento?". (Isaías 66:8).

¿Cómo es posible que un país más pequeño que el estado de Nueva Jersey, en Estados Unidos, pueda ser mencionado tantas veces en las noticias y tenga tanta importancia mundialmente? Para poder explicar eso, no vamos a leer el periódico o escuchar las noticias, sino que vamos a ver lo que nos dice la Biblia.

La historia de Israel comienza en el libro de Génesis. Solamente dos capítulos en Génesis son dedicados para describir la creación y la caída del hombre, pero podemos ver que 38 capítulos de este libro tratan con la vida de Abraham, Isaac y Jacobo; es obvio que la vida de Abraham, sus descendientes y consecuentemente la nación de Israel, es de suma importancia para Dios.

Mire lo que nos dice Génesis 12: **"El SEÑOR le dijo a Abram: «Deja tu tierra, tus parientes y la casa de tu padre, y vete a** la tierra que te mostraré. ²Haré de ti una nación grande, y te bendeciré; haré famoso tu nombre, y serás una bendición. ³Bendeciré a los que te bendigan y maldeciré a los que te maldigan; ¡por medio de ti serán bendecidas todas las familias de la tierra!»". (Génesis 12:1-3).

La primera promesa que Dios le da a Abram es: "**Haré de ti una nación grande**". Hoy, hay más judíos viviendo en Israel que en ningún otro tiempo en la historia. Hoy, hay casi 7 millones de judíos que radican en Israel. En 1970 había 2,582,000 judíos en este país; esto tiene un significado increíble ya que una de las profecías que se tiene que cumplir es el hecho de que el pueblo judío regresará a su lugar de origen antes de la segunda venida de Jesús.

Ezequiel 36:24 nos dice: "**Los sacaré de entre las naciones, los reuniré de entre todos los pueblos, y los haré regresar a su propia tierra**".

Aquí hay dos escrituras que quiero que vean ustedes mismos:

- "**En aquel día el Señor volverá a extender su mano para recuperar al remanente de su pueblo, a los que hayan quedado en Asiria, en Egipto, Patros y Cus; en Elam, Sinar y Jamat, y en las regiones más remotas. ¹²Izará una bandera para las naciones, reunirá a los desterrados de Israel, y de los cuatro puntos cardinales juntará al pueblo esparcido de Judá**". (Isaías 11:11-12).

La frase "En aquel día", representa la segunda venida de Cristo, cuando Él reinará en Jerusalén sobre toda nación por mil años.

- "**¡Jerusalén, Jerusalén, que matas a los profetas y apedreas** a los que se te envían! ¡Cuántas veces quise reunir a tus hijos, como reúne la gallina a sus pollitos debajo de sus alas, pero no quisiste! ³⁸Pues bien, la casa de ustedes va a quedar abandonada. ³⁹Y les advierto que ya no volverán a verme hasta que digan: «¡Bendito el que viene en el nombre del Señor!»". (Mateo 23:37-39).

¡Dios reunirá a su pueblo por última vez! Ese día, cuando Jesús regrese a reinar, los judíos, finalmente, reconocerán a Jesús como el Mesías prometido. Las escrituras nos insinúan que, en la segunda venida de Jesús, Israel se alegrará de reconocer a Jesús como su Mesías. Creo que eso sucederá porque el pueblo de Israel, para ese entonces, se habrá dado cuenta de que Dios es real.

Esa es la primera promesa, ahora pongan atención a la segunda promesa en el verso 2: **"te bendeciré"**.

Seguramente, usted se ha dado cuenta de que los judíos han tenido y siguen teniendo una facilidad increíble en el comercio, en literatura, ciencia, arte, música, finanzas y medicina; la contribución que los judíos han aportado al mundo es inconmensurable. Aun siendo una nación tan pequeña, los judíos han podido obtener más del 22% de los premios Nobeles, ¿por qué?, la escritura nos dice que Dios les hizo una promesa: **"Haré de ti una nación grande, y te bendeciré; haré famoso tu nombre, y serás una bendición"**.

Ahora, hay algo importante que debo recalcar, no debemos olvidarnos de que aquellos de nosotros que no somos judíos, hemos también recibido una promesa de parte de Dios: **"Y si somos hijos, somos también herederos; herederos de Dios y** coherederos con Cristo, si en verdad padecemos con Él a fin de que también seamos glorificados con Él". (Romanos 8:17).

Efesios nos explica esto en más detalle:

"Recuerden que en ese entonces ustedes estaban separados de Cristo, excluidos de la ciudadanía de Israel y ajenos a los pactos de la promesa, sin esperanza y sin Dios en el mundo. [13]Pero ahora en Cristo Jesús, a ustedes que antes estaban lejos, Dios los ha acercado mediante la sangre de Cristo. [14]Porque Cristo es nuestra paz: de los dos pueblos ha hecho uno solo, derribando mediante su sacrificio el muro de enemistad que nos separaba, [15]pues anuló la ley con sus mandamientos y requisitos. Esto lo hizo para crear en sí mismo de los dos pueblos una nueva humanidad al hacer la paz, [16]para reconciliar con Dios a ambos en un solo cuerpo mediante la cruz, por la que dio muerte a la enemistad. [17]Él vino y proclamó paz a ustedes que estaban lejos y paz a los que estaban cerca. [18]Pues por medio de él tenemos acceso al Padre por un mismo Espíritu. [19]Por lo tanto, ustedes ya no son extraños ni extranjeros, sino conciudadanos de los santos y miembros de la familia de Dios". (Efesios 2:12-19).

¡Qué increíble! Estas escrituras nos hacen entender que Dios extendió la bendición que él tenía para el pueblo de Israel a todo el creyente. Cuando Dios dice: "te bendeciré", créalo porque Él lo va a hacer, y usted y yo hemos sido incluidos en esa bendición a través de la remisión de nuestros pecados. "Según la Ley, casi todo ha de ser purificado con sangre, y sin derramamiento de sangre no hay perdón". (Hebreos 9:22). "Porque la vida de la carne está en la sangre, y Yo se la he dado a ustedes sobre el altar para hacer expiación por sus almas. Porque es la sangre, por razón de la vida, la que hace expiación". (Levítico

17:11). Este es uno de los tantos beneficios de poner nuestra fe y esperanza en Jesucristo.

La tercera promesa fue que **Abram/Israel iba a ser una bendición**. Esa promesa no puede ser más cierta, sin los judíos no tendríamos la Biblia, sin ellos no hubiésemos tenido a Jesús, sin Jesús no tendríamos la salvación ni el cristianismo, y no tendríamos la ley que nos ayuda a tener orden.

La cuarta promesa es: **"bendeciré a los que te bendigan"**. Yo creo que la principal razón por la que Estados Unidos ha prosperado, (aparte del fundamento cristiano), es porque este país casi siempre ha cuidado a Israel. Sin embargo, Egipto, Asiria, Babilonia, Roma, y en tiempos modernos España, Alemania y Rusia, han pagado grandemente por la opresión que en un tiempo u otro han causado a Israel.

Si Estados Unidos no tiene cuidado, pasaremos a ser parte de esta lista. El 9 de septiembre de 1993, el presidente Bill Clinton forzó a Israel a ceder parte de su tierra (incluyendo a Jerusalén), a los Palestinos; esto se conoce como el tratado de Oslo. Cuatro meses después, el 14 de enero de 1994, tuvimos uno de los terremotos más grandes en la historia de este país, costando más de $23 billones de dólares, ¿coincidencia? ¡Usted dirá!

El 11 de abril del año 2005, el presidente George Bush, impidió a Israel la expansión de 3,500 viviendas en Gaza. Cuatro meses después, el 25 de Agosto de ese mismo año, la costa del sur de este país fue azotada por el huracán Katrina dejando un saldo de más de 1,800 muertos y daños de más de $84 trillones de dólares, ¿coincidencia? ¡Usted dirá!

Como pueblo de Dios que somos, debemos orar por el presidente de Estados Unidos para que él tome decisiones que no sean en contra del pueblo de Israel. Si el presidente Trump no es sabio en sus decisiones que impactan a Israel hoy en día, creo que veremos grandes consecuencias negativas en esta nación.

El libro de Apocalipsis menciona a Israel varias veces, pero déjeme decirle porqué es importante que dediquemos un capítulo entero para hablar de un país. Primero que nada, es porque no se trata de cualquier país, se trata del pueblo de Dios. Segundo, si ponemos atención a lo que está sucediendo en Israel podremos darnos cuenta de nuestro futuro.

Dios no escogió a Israel como su gente por mérito, no lo escogió por su importancia. Deuteronomio nos dice esto del pueblo de Israel: **"El SEÑOR se encariñó contigo y te eligió, aunque no eras el pueblo más numeroso sino el más insignificante de todos".** (Deuteronomio 7:7).

No lo escogió porque Israel amaba o conocía a Dios más que otras naciones. **"Por causa de Jacob mi siervo, de Israel mi escogido, te llamo por tu nombre y te confiero un título de honor, aunque tú no me conoces".** (Isaías 45:4).

Dios no lo escogió porque Israel fuera el más justo. **"Entiende bien que eres un pueblo terco, y que tu justicia y tu rectitud no tienen nada que ver con que el SEÑOR tu Dios te dé en posesión esta buena tierra. Recuerda esto, y nunca olvides cómo provocaste la ira del SEÑOR tu Dios en el desierto. Desde el día en que saliste de Egipto hasta tu llegada aquí, has sido rebelde contra el SEÑOR".** (Deuteronomio 9:6-7).

Por cuatro años tuvimos un perrito llamado Charlie. Charlie tenía 6 semanas de edad cuando lo trajimos a vivir con nosotros;

si usted conoce la raza "Jack Russell Terrier", sabe que esa raza de perros es muy activa y a veces pueden llegar a ser muy traviesos. Charlie era eso, activo y travieso. Cuando llegábamos a casa después de algunas horas en la tienda o acompañando a nuestros hijos en actividades deportivas, por lo general, Charlie había hecho algo malo; no solo eso, sino que además, a Charlie le encantaba ladrar y a veces no lo podíamos hacer callar, era un perrito adorable (cuando dormía J), pero, aunque era muy travieso, le amábamos mucho. Un día, Charlie se enfermó gravemente y después de una semana murió, eso nos dolió muchísimo. Aunque ya ha pasado más de un año de que murió, todavía se me hace un nudo en la garganta cuando hablo de él. Lo mismo sucede con nosotros, muchas veces somos personas desobedientes, pero Dios no nos escoge o ama porque somos buenos, nos escoge porque su naturaleza es amor.

¿Sabe por qué Dios escogió al pueblo de Israel? Porque está en su soberano poder hacerlo. Dios lo escogió y ha sido y seguirá siendo fiel a su pueblo. Las buenas noticias son que usted también ha sido escogido y Dios quiere impartirle su bendición también.

"Hermanos, descendientes de Abraham, y ustedes, los gentiles temerosos de Dios: a nosotros se nos ha enviado este mensaje de salvación". (Hechos 13:26).

Dios hizo una promesa a Israel y ahora también ha hecho una donde Él nos ha incluido a nosotros. **"Estableceré Mi pacto contigo y con tu descendencia después de ti, por todas sus generaciones, por pacto eterno, de ser Dios tuyo y de toda tu descendencia después de ti. [8]Y te daré a ti, y a tu descendencia después de ti, la tierra de tus peregrinaciones, toda la tierra**

de Canaán como posesión perpetua. Y Yo seré su Dios". (Génesis 17:7-8).

Debemos reconocer la importancia de Israel porque mucho de lo que está a punto de suceder en el mundo, está estrechamente relacionado con lo que va a suceder con esa nación.

CAPÍTULO IV

Un Nuevo Orden Mundial

Oración – *Señor, por favor ayúdanos a discernir los tiempos en que estamos viviendo. Ayúdanos a buscar más de ti para así poder tener una respuesta para aquellos que no te conocen y para estar preparados en todo momento. Danos sabiduría para poder distinguir lo que viene de ti y lo que no proviene de ti.*

En los últimos años hemos escuchado más y más sobre el asunto del Nuevo Orden Mundial que en ningún otro tiempo en la historia de la humanidad. Si uno se pone a pensar, podríamos llegar a la conclusión de que a lo mejor no es mala idea que las naciones del mundo se unan, esto nos podría llevar a tener una camaradería con la finalidad de ayudarnos los unos a los otros (especialmente hoy, en medio de la situación económica que está afectando al mundo). ¿Cuál es el problema con esto? Simón Bolívar quería unir Las Américas, entonces, ¿cuál es el problema en el querer tener un Nuevo Orden Mundial? El problema fundamental es que todas las naciones que están planeando esta alianza hoy, tienen como interés común dejar a Dios fuera de la ecuación.

Vayamos inmediatamente al grano. Veamos primero que nada lo que sucedió al principio de los tiempos cuando Dios estaba creando todo lo que podemos ver y también lo que no podemos ver.

"¡Cómo has caído del cielo, lucero de la mañana! Tú, que sometías a las naciones, has caído por tierra. [13]Decías en tu corazón: «Subiré hasta los cielos. ¡Levantaré mi trono por encima de las estrellas de Dios! Gobernaré desde el extremo norte, en el monte de los dioses. [14]Subiré a la cresta de las más altas nubes, seré semejante al Altísimo»". (Isaías 14:12-14).

"Yo veía a Satanás caer del cielo como un rayo —respondió él. [19]Sí, les he dado autoridad a ustedes para pisotear serpientes y escorpiones y vencer todo el poder del enemigo; nada les podrá hacer daño. [20]Sin embargo, no se alegren de que puedan someter a los espíritus, sino alégrense de que sus nombres están escritos en el cielo". (Lucas 10:18-20). Este pasaje nos habla de la caída de Satanás del cielo y el poder que nosotros tenemos sobre él.

Dios habitaba y aún habita el tercer cielo, y ahí estaba Lucifer cuando él creyó que era más grande que Dios. Hay tres cielos y Dios habita el tercero.

Vea lo que 2 Corintios dice a través del apóstol Pablo: **"Conozco a un seguidor de Cristo que hace catorce años fue llevado al tercer cielo (no sé si en el cuerpo o fuera del cuerpo; Dios lo sabe)".** (2 Corintios 12:2).

Según mis estudios, el primer cielo se encuentra a 600 millas de la tierra, sobrepasa la atmósfera, troposfera, estratósfera, mesosfera, ionosfera y la exosfera. El tercer cielo se encuentra a

187 trillones de billones de millas de la tierra. El segundo cielo se encuentra en el medio de estos dos cielos.

"Con la cola arrastró la tercera parte de las estrellas del cielo y las arrojó sobre la tierra. Cuando la mujer estaba a punto de dar a luz, el dragón se plantó delante de ella para devorar a su hijo tan pronto como naciera". (Apocalipsis 12:4). Satanás se llevó a un tercio de la población de los ángeles con él. **"Se plantó delante de ella para devorar a su hijo tan pronto como naciera"**. Se refiere a Israel y la persecución que este pueblo verá durante los siete años de tribulación, antes de la segunda venida de Cristo.

Habitualmente, escucho a personas decir (especialmente en los círculos cristianos): "olvídate del pasado y concéntrate en el futuro". Creo que la intención de aquellos que usan esta frase es buena, lamentablemente, en mi opinión, esta no es una buena táctica ya que el pasado muchas veces puede ayudarnos a descifrar el futuro.

Mire el "Currículum Vitae" de Satanás, es decir, su objetivo/función.

"El dios de este mundo (Satanás) ha cegado la mente de estos incrédulos, para que no vean la luz del glorioso evangelio de Cristo, el cual es la imagen de Dios". (2 Corintios 4:4).

El plan de Satanás y sus cómplices es acabar con su vida y la vida de su familia, ¡no se deje! Es por eso por lo que leemos en el libro de Santiago las siguientes palabras. "...**oren unos por otros, para que sean sanados. <u>La oración del justo es poderosa y eficaz"</u>**. (Santiago 5:16).

Este es el plan de Satanás. En el capítulo 12 yo le diré cuál es el plan de Dios para Satanás.

Ahora que hemos visto lo que en estos momentos está sucediendo en los cielos y en la tierra, veamos algo que Juan

vio durante esta revelación que Jesús le dio. En el libro de Apocalipsis, Juan nos habla de un monstruo.

"Entonces apareció otra señal en el cielo: he aquí, un gran dragón rojo que tenía siete cabezas y diez cuernos, y sobre sus cabezas había siete diademas". (Apocalipsis 12:3).

"El dragón se paró sobre la arena del mar. Y vi que subía del mar una bestia que tenía diez cuernos y siete cabezas; en sus cuernos había diez diademas, y en sus cabezas había nombres blasfemos". (Apocalipsis 13:1).

"Y me llevó en el Espíritu a un desierto; y vi a una mujer sentada sobre una bestia escarlata, llena de nombres blasfemos, y que tenía siete cabezas y diez cuernos". (Apocalipsis 17:3).

"Aquí está la mente que tiene sabiduría. Las siete cabezas son siete montes sobre los que se sienta la mujer". (Apocalipsis 17:9).

Estos pasajes en la Biblia nos ayudan a entender sobre las diez naciones que se unirán, convirtiéndose en los rectores del Nuevo Orden Mundial. Estas naciones, representarán lo que el Imperio Romano fue en los tiempos de Cristo.

Satanás siempre ha querido ser Dios, Mateo lo comprueba: **"Otra vez el diablo le llevó a un monte muy alto, y le mostró**

todos los reinos del mundo y la gloria de ellos, ⁹y le dijo: Todo esto te daré, si postrándote me adoras". (Mateo 4:8-9).

Y en estos tiempos lo tratará de hacer una vez más a través de un Nuevo Orden de Gobierno. En el libro de Apocalipsis, podemos ver 35 veces el levantamiento de un líder que gobernará a todo el mundo.

Cada vez que usted lee la palabra "bestia" en la Biblia, está leyendo sobre ese líder, el Anticristo, que es Lucifer encarnado en esta persona con el único objetivo de ser Dios del universo.

Una de las cosas que debe ocurrir antes de la segunda venida de Cristo, es el levantamiento del poder del Imperio Romano. ¿Qué significa esto? En 1771, un grupo llamado **"Illuminatis"** fue creado con el solo propósito de promover un sistema de gobierno en el mundo.

Analicemos:

"Y así como los dedos de los pies eran parte de hierro y parte de barro cocido, así parte del reino será fuerte y parte será frágil". (Daniel 2:42).

"Después de esto seguí mirando en las visiones nocturnas, y he aquí, una cuarta bestia, terrible, espantosa y en gran manera fuerte que tenía enormes dientes de hierro; devoraba, desmenuzaba y hollaba los restos con sus pies. Era diferente de todas las bestias que le antecedieron y tenía diez cuernos". (Daniel 7:7).

"El dragón se paró sobre la arena del mar. Y vi que subía del mar una bestia que tenía diez cuernos y siete cabezas; en sus

cuernos había diez diademas, y en sus cabezas había nombres blasfemos. [2]La bestia que vi era semejante a un leopardo, sus pies eran como los de un oso y su boca como la boca de un león. Y el dragón le dio su poder, su trono y gran autoridad. [3]Y vi una de sus cabezas como herida de muerte, pero su herida mortal fue sanada. Y la tierra entera se maravilló y seguía tras la bestia; [4]y adoraron al dragón, porque había dado autoridad a la bestia; y adoraron a la bestia, diciendo: ¿Quién es semejante a la bestia, y quién puede luchar contra ella? [5]Se le dio una boca que hablaba palabras arrogantes y blasfemias, y se le dio autoridad para actuar durante cuarenta y dos meses. [6]Y abrió su boca en blasfemias contra Dios, para blasfemar su nombre y su tabernáculo, es decir, contra los que moran en el cielo. [7]Se le concedió hacer guerra contra los santos y vencerlos; y se le dio autoridad sobre toda tribu, pueblo, lengua y nación. [8]Y la adorarán todos los que moran en la tierra, cuyos nombres no han sido escritos, desde la fundación del mundo, en el libro de la vida del Cordero que fue inmolado. [9]Si alguno tiene oído, que oiga. [10]Si alguno es destinado a la cautividad, a la cautividad va; si alguno ha de morir a espada, a espada ha de morir. Aquí está la perseverancia y la fe de los santos". (Apocalipsis 13:1-10).

"La bestia que viste era y no es, y está para subir del abismo e ir a la destrucción. Y los moradores de la tierra, cuyos nombres no se han escrito en el libro de la vida desde la fundación del mundo, se asombrarán al ver la bestia que era y no es, y que vendrá. [9]Aquí está la mente que tiene sabiduría. Las siete cabezas son siete montes sobre los que se sienta la mujer; [10]y son siete reyes; cinco han caído, uno es y el otro aún no ha venido; y cuando venga, es necesario que permanezca un poco de tiempo. [11]Y la bestia que era y no es, es el octavo rey, y es uno de los siete y va a la destrucción. [12]Y los diez cuernos que viste son diez reyes que todavía no han recibido reino, pero que por una hora reciben autoridad como reyes con la bestia. [13]Estos tienen un mismo propósito, y entregarán su poder y autoridad a la bestia". (Apocalipsis 17:8-13).

Aunque los Illuminatis fueron establecidos en el año 1771, ha sido una organización que venía existiendo en una forma u otra desde los tiempos de Egipto. Los Rosicrusianos y los Zoroastranos fueron dos organizaciones que se encargaron de propagar y avanzar la agenda de los Illuminatis con una sola idea: la de tener un gobierno mundial.

La palabra "Illuminatis" significa "iluminados" y es de donde sacamos la palabra inteligencia o inteligente.

En 2 Corintios, las escrituras nos dicen: "Y no es de extrañar, ya que Satanás mismo se disfraza de ángel de luz". (2 Corintios 11:14).

Uno de los principales discípulos de esta organización sale de Egipto con destino a Baviera, Alemania, donde se encuentra con un hombre llamado Adam Weishaupt. Es ahí donde Weishaupt es adoctrinado con el mensaje de esta organización, un Nuevo Gobierno Mundial.

En 1773, 12 hombres de negocios y de mucha influencia, se juntan con Adam Weishaupt para iniciar este esfuerzo. Entre los 12 hombres estaba Karl Marx (el padre del Marxismo), quien era de origen judío.

Si usted vive en Estados Unidos o de alguna manera usted tiene acceso al dólar norteamericano, le pido que haga algo en estos momentos, busque un billete de $1.00, por favor, fíjese en lo que está del lado izquierdo del billete. ¿Qué ve?, debería estar viendo una pirámide y en la punta de la pirámide está un ojo (mire la foto).

En 1933, Henry Wallace corrió para la presidencia de Estados Unidos y perdió. Pero aunque perdió la elección para poder llegar a ser el presidente, usó su influencia para convencer a su amigo, que era Secretario de la Tesorería de Estados Unidos, Henry Morgenthau Jr., de que pusiera la insignia (de los illuminatis) en la parte de atrás del billete de un dólar. No es coincidencia que sea en el billete de $1.00, ya que es el más usado de todos los billetes que tenemos en este país.

La pirámide simboliza el poder que se ha encontrado en Egipto, incluso antes de que Jesús naciera. El ojo que lo ve todo, no es el ojo de Dios, sino el ojo de un dios pagano, el mismo que controló la GESTAPO en la Segunda Guerra Mundial.

Arriba del ojo vemos una frase en latín que dice: **ANNUIT COEPTIS**, lo que significa: Nuestro esfuerzo (empresa) ha sido coronado con éxito o providencia. ¿Qué empresa?, la respuesta se encuentra abajo del círculo donde está la pirámide: **NOVUS ORDO SECLORUM** = Nuevo Orden Mundial.

Lo último que tiene que ocurrir para que la "segunda venida de Cristo" suceda, es el establecimiento de un Nuevo Orden Mundial.

"Porque Dios ha puesto en sus corazones el ejecutar su propósito: que tengan ellos un propósito <u>unánime</u>, y den su reino a la bestia hasta que las palabras de Dios se cumplan". (Apocalipsis 17:17).

Las escrituras nos dicen que al final, el Imperio Romano se levantará de nuevo. En estos momentos, la Comunidad Europea, tiene como miembros 25 países que han cedido su soberanía a esta organización; hay naciones que ahora mismo están en el proceso de unirse a ella, de estos países saldrán las 10 naciones.

Mi hermano mayor ha vivido por muchos años en Alemania, él me dice que para movilizarse de país a país en Europa, ya no se necesita mostrar pasaporte (como se solía hacer) en la frontera de cada país. Uno puede ir de Alemania a Francia, o Suiza, España o Italia, sin ser detenido en la frontera de estos países, ya que Europa, poco a poco, se ha ido convirtiendo en UNA sola nación.

En la actualidad, la Comunidad Europea tiene su propio parlamento, su propio sistema de corte, su propio banco y su propio sistema monetario; ya no hay necesidad de usar el Franco o el Marco, en Europa solo se usa el Euro. En estos mismos momentos, la Comunidad Europea está formando su propia armada, pero aún le falta tener un líder. La Biblia nos habla de que todas estas naciones europeas finalmente cederán su poder a un solo líder; la Biblia nos dice que este líder será "el Anticristo".

Este líder saldrá de entre las naciones europeas, será un hombre muy carismático, política e intelectualmente; él dará la impresión de tener una respuesta para todo problema de la humanidad, sin embargo, reinará usando la decepción y la fuerza.

"El rey hará lo que le plazca, se enaltecerá y se engrandecerá sobre todo dios, y contra el Dios de los dioses dirá cosas horrendas; él prosperará hasta que se haya acabado la

indignación, porque lo que está decretado se cumplirá. [37]No le importarán los dioses de sus padres ni el favorito de las mujeres, tampoco le importará ningún otro dios, porque él se ensalzará sobre todos ellos. [38]En su lugar honrará al dios de las fortalezas, un dios a quien sus padres no conocieron; lo honrará con oro y plata, piedras preciosas y cosas de gran valor. [39]Y actuará contra la más fuerte de las fortalezas con la ayuda de un dios extranjero; a los que le reconozcan colmará de honores, los hará gobernar sobre muchos y repartirá la tierra por un precio. [40]Y al tiempo del fin, el rey del sur se enfrentará con él, y el rey del norte lo atacará con carros, jinetes y con numerosas naves; entrará en sus tierras, las invadirá y pasará. [41]También entrará a la Tierra Hermosa, y muchos países caerán; mas éstos serán librados de su mano: Edom, Moab y lo más selecto de los hijos de Amón. [42]Y extenderá su mano contra otros países, y la tierra de Egipto no escapará. [43]Se apoderará de los tesoros ocultos de oro y plata y de todas las cosas preciosas de Egipto. Libios y etíopes seguirán sus pasos. [44]Pero rumores del oriente y del norte lo turbarán, y saldrá con gran furor para destruir y aniquilar a muchos. [45]Y plantará las tiendas de su pabellón entre los mares y el monte glorioso y santo; pero llegará a su fin y no habrá quien lo ayude". (Daniel 11:36-45).

Ahora lea Apocalipsis: "**Vi cuando el Cordero abrió uno de los siete sellos, y oí a uno de los cuatro seres vivientes que decía, como con voz de trueno: Ven. [2]Miré, y he aquí, un caballo blanco; y el que estaba montado en él tenía un arco; se le dio una corona, y salió conquistando y para conquistar. [3]Cuando abrió el segundo sello, oí al segundo ser viviente que decía: Ven. [4]Entonces salió otro caballo, rojo; y al que estaba montado en él se le concedió quitar la paz de la tierra** y que los hombres se mataran unos a otros; y se le dio una gran espada. [5]Cuando abrió el tercer sello, oí al tercer ser viviente que decía: Ven. Y miré, y he aquí, un caballo negro; y el que estaba montado en él tenía una balanza en la mano. [6]Y oí como una voz en medio de los cuatro seres vivientes que decía: Un litro de trigo por un denario, y tres litros de cebada por un denario, y no dañes el aceite y el vino". (Apocalipsis 6:16).

¡Yo no quiero estar aquí cuando suceda esto! Este último poder mundial unirá a todo el mundo política, militar, social, económica y espiritualmente. El Anticristo será asistido por el falso profeta, quién pondrá todo en su lugar para tener una sola iglesia que se encargará de adorar al Anticristo.

"Y vi otra bestia que subía de la tierra; tenía dos cuernos semejantes a los de un cordero y hablaba como un dragón. [12]Ejerce toda la autoridad de la primera bestia en su presencia, y hace que la tierra y los que moran en ella adoren a la primera bestia, cuya herida mortal fue sanada. [13]También hace grandes señales, de tal manera que aun hace descender fuego del cielo a la tierra en presencia de los hombres. [14]Además engaña a los que moran en la tierra a causa de las señales que se le concedió hacer en presencia de la bestia, diciendo a los moradores de la tierra que hagan una imagen de la bestia que tenía la herida de la espada y que ha vuelto a vivir. [15]Se le concedió dar aliento a la imagen de la bestia, para que la imagen de la bestia también hablara e hiciera dar muerte a todos los que no adoran la imagen de la bestia. [16]Y hace que a todos, pequeños y grandes, ricos y pobres, libres y esclavos, se les dé una marca en la mano derecha o en la frente, [17]y que nadie pueda comprar ni vender, sino el que tenga la marca: el nombre de la bestia o el número de su nombre. [18]Aquí

hay sabiduría. El que tiene entendimiento, que calcule el número de la bestia, porque el número es el de un hombre, y su número es seiscientos sesenta y seis". (Apocalipsis 13:11-18).

Apocalipsis 13:7 nos dice que este imperio será como ningún imperio que haya existido hasta ese momento en la historia del mundo, será un imperio sobre toda raza, pueblo y lengua.

¿Sabe cómo termina todo esto?

La Biblia nos dice que, en los primeros tres años y medio de este imperio, la mitad de la humanidad morirá (Apocalipsis capítulos 6, 7, 8 y 9). El Anticristo utilizará tecnología moderna y establecerá una dictadura mundial donde controlará el mundo por los últimos tres años y medio (el balance de los siete años de tribulación).

Al final de los siete años del período de tribulación, Cristo llegará con los redimidos, destruirá al Anticristo y su Nuevo Orden Mundial, y establecerá SU Nuevo y verdadero Orden Mundial, donde la paz y la justicia reinarán. (Salmos 2:8 y Miqueas 4:3, 5, 13).

La Biblia nos dice que la historia termina así: "**Entonces se manifestará aquel malvado, a quien el Señor Jesús derrocará con el soplo de su boca y destruirá con el esplendor de su venida".** (2 Tesalonicenses 2:8).

"**Entonces dirá también a los de su izquierda: "Apartaos de mí, malditos, al fuego eterno que ha sido preparado para el diablo y sus ángeles".** (Mateo 25:41).

CAPÍTULO V

La Trinidad Diabólica

Oración – *De la misma manera que te pedimos sabiduría para identificar las cosas que están sucediendo y también las que están a punto de suceder, te pedimos discernimiento para poder ayudar a otros. Deseamos que nuestros consejos y palabras sirvan para instruir y para que las personas puedan entender que el plan de Satanás es el de destruir e impedir que ellos puedan llegar a tener vida eterna en ti.*

Hagamos un resumen de lo que hemos visto hasta ahora:

Hemos hablado del hecho de que somos seres eternos: **"Dios ha puesto eternidad en el corazón del hombre".** (Eclesiastés 3:11 TNIV).

Hemos hablado de un lugar celestial. Nos dimos cuenta de que este mundo no es nuestro hogar permanente, pero hay algo mucho mejor que nos espera. **"En el hogar de mi Padre hay muchas viviendas; si no fuera así, ya se lo habría dicho a ustedes. Voy a prepararles un lugar".** (Juan 14:2).

Hemos hablado de Israel. Vimos cómo Dios protege a los suyos y que no solo los israelitas heredarán lo que Él está preparando, sino que también nosotros seremos parte de ello.

También hablé de un Nuevo Orden Mundial. Vimos lo que está ocurriendo en el mundo en estos momentos y hablé sobre los eventos que están acelerando la segunda venida de Jesús.

En este capítulo, quiero profundizar el punto que hice en el capítulo anterior para que esto quede muy claro. ¿Se acuerda que hablé de dos bestias? Una tenía dos cuernos como de cordero, pero hablaba como dragón. Y después hablé un poco sobre Satanás.

Estos tres seres son los que yo llamo "La Trinidad Diabólica":

El dragón en la Biblia es Satanás.

La primera bestia o la bestia del mar es el Anticristo.

La bestia de la tierra es el profeta falso.

Estos tres seres tratan de imitar a la trinidad compuesta por Dios Padre, Dios hijo (Jesús) y Dios Espíritu Santo.

Satanás se opone al Padre.

El Anticristo se opone al Hijo.

El falso profeta se opone al Espíritu Santo.

Satanás – Este personaje es también conocido como el adversario, el gran dragón, la serpiente antigua, el diablo, Beelzebú, Belial. (Marcos 3:22, 2 Corintios 6:15, 1 Pedro 5:8,

Apocalipsis 12:9). En Isaías 14:4-21, se detalla el menosprecio contra el rey de Babilonia, ya que por su soberbia se quiso hacer semejante al Altísimo. Asimismo, Ezequiel 28:1 10 habla del príncipe de Tiro, con un corazón enaltecido que lo hizo exaltarse a sí mismo como un dios, lo cual concuerda con el espíritu y la filosofía del Nuevo Orden Mundial; los versículos 12 al 19 del mismo capítulo, relatan la profecía contra el rey de Tiro, a quien se le describe como el que estuvo en el huerto de Dios, adornado con piedras preciosas, sellado con perfección, lleno de sabiduría y hermosura. PERFECTO era en todos sus caminos hasta que se halló maldad en él. Apocalipsis 12:9,10 y 12 menciona a Satanás como el que engaña al mundo entero, el que acusa a los creyentes delante de nuestro Dios, día y noche, y advierte a los moradores de la tierra y del mar porque el diablo ha descendido a ellos con gran ira, sabiendo que tiene poco tiempo. Hay otros versículos que hacen mención de él y hablan de los ángeles que le siguen y obedecen.

Dios, como ya se ha dicho, mediante la obra perfecta de Jesús, nos ha dado la victoria. Él atará al diablo por mil años para finalmente lanzarlo al lago de fuego y azufre que es su morada eterna. **"Y prendió al dragón, la serpiente antigua, que es el diablo y Satanás, y lo ató por mil años".** (Apocalipsis 20:2).

El creyente no debe temerle sino resistirlo. El que cree en Dios, debe hacer uso de las armas espirituales para la destrucción de fortalezas y para derribar todo argumento que lo quiera apartar del amor de Dios.

El Anticristo - El apóstol Pablo se refiere al advenimiento de la apostasía, a la manifestación del hombre de pecado, el hijo de perdición que se opondrá y se levantará contra todo lo que es de Dios. El segundo libro de Tesalonicenses lo explica muy bien:

"No se dejen engañar de ninguna manera, porque primero tiene que llegar la rebelión contra Dios y manifestarse el hombre de maldad, el destructor por naturaleza. [4]Éste se opone y se levanta contra todo lo que lleva el nombre de Dios o es objeto de adoración, hasta el punto de adueñarse del templo de Dios y pretender ser Dios". (2 Tesalonicenses 2:3,4).

La venida del Anticristo no será sin advertencia porque ya hay señales que lo anticipan. Entre ellas están:

El misterio de la iniquidad que ya está en acción.

La apostasía. **"Porque el misterio de la iniquidad (de estar sin ley) ya está en acción, sólo que aquél que por ahora lo detiene, lo hará hasta que él mismo sea quitado de en medio"**. (2 Tesalonicenses 2:7).

Es muy posible que el Anticristo sea de descendencia romana porque sabemos que va a salir de Europa. El capítulo 13 de Apocalipsis, versículo 1, nos dice que la "bestia" saldrá del mar. El mar es simbólicamente usado en la Biblia para representar al pueblo "gentil", es decir, a los que no son judíos.

De acuerdo a Daniel 9:26, la escritura identifica al Anticristo como **"el príncipe que viene"**. (Biblia de las Américas). Él es señalado como parte de la gente que destruirá la ciudad y el santuario. Sabemos que Jerusalén y el templo judío fueron destruidos por los romanos en el año 70 D.C., por lo tanto y en base a Daniel 9:26, el "Anticristo" creo que será de descendencia romana.

El espíritu del Anticristo es la falta de ley. Hay bastantes razones del porqué estamos viviendo en los últimos días, una de ellas es el hecho de que el ser humano quiere hacer todo lo que desea hacer sin tener ninguna repercusión o consecuencia por sus pecados; esta es una de las razones por las que cada día vemos más pecado en el mundo.

El Falso profeta - Jesucristo dice: **"Porque se levantarán falsos cristos y falsos profetas, y harán señales y prodigios, para engañar, si fuera posible, aún a los escogidos".** (Marcos 13:22).

Desde la caída del hombre, se ha venido dando el conflicto entre lo que es falso y lo que es verdadero. Sabemos que Jesús es la verdad, en tanto que Satanás es el padre de la mentira.

Acab, uno de los reyes de Israel por espacio de 22 años, hizo lo malo ante los ojos de Jehová y fue más déspota que todos los que reinaron antes que él. Su decadencia y pecado fueron tan grandes que en el libro de 1 Reyes 18:19, se habla de 450 profetas de Baal y de 400 profetas de Aserá, todos falsos, que comían de la mesa de Jezabel, esposa de Acab.

En Apocalipsis 2:20, Dios amonesta a la iglesia de Tiatira por tolerar el pecado, la injusticia y la enseñanza contraria a la Biblia impulsada por Jezabel que dice ser profetisa. Jesús advierte varias veces sobre la venida de falsos profetas y guías engañosos, por ello, es vital que el creyente discierna el carácter de los líderes que profesan servir a Dios. Tanto Mateo 7:23 como Lucas 13:27, se refieren a personas que profetizaron, echaron fuera demonios e hicieron muchos milagros, pero Jesús les dirá: **"Nunca os conocí, apartaos de mí, hacedores de maldad".** En público, aparentaban servir a Dios, pero en privado, en oculto, no hacían la voluntad del Padre. El propósito del falso profeta es de traer a todo el mundo a los pies del Anticristo; él estará encargado (entre otras cosas), del sistema religioso que gobernará a todo el mundo. La Biblia tiene un nombre para el sistema que el falso profeta va a implementar: **La religión Universal.**

Apocalipsis dice lo siguiente con respecto a este tema: **"Y uno de los siete ángeles que tenían las siete copas, vino y habló conmigo, diciendo: Ven; te mostraré el juicio de <u>la gran ramera</u> que está sentada sobre muchas aguas".** (Apocalipsis 17:1).

"La gran ramera o la gran prostituta", se refiere al sistema de religión que el falso profeta implementará en los 7 años de tribulación, este sistema de religión universal será impuesto a través del Nuevo Orden Mundial.

Ahora lea Apocalipsis 17:6: **"Se había emborrachado con la sangre de los santos y los mártires de Jesús".** Durante esos 7 años, habrá personas que se arrepentirán (sangre de los santos) y se convertirán al cristianismo, pero serán perseguidos y muchos perderán su vida por causa de su fe.

Basado en Apocalipsis 13:11, podemos deducir que "el falso profeta" será judío. En dicho texto, Juan nos dice que vio salir **"de la tierra"** a **"la otra bestia".** Sabemos que la otra bestia es el falso profeta, y de acuerdo a las escrituras, cada vez que leemos la palabra **"tierra"**, la Biblia nos está hablando de Israel.

En mi rol de ministro he tenido que oficiar bastantes funerales, para ello, 1 Tesalonicenses 4:13 es una de las escrituras que he usado a menudo. "La venida del Señor": **"Hermanos, no queremos que ignoren lo que va a pasar con los que ya han muerto (en Cristo), para que no se entristezcan <u>como esos otros que no tienen esperanza"</u>.** (Énfasis agregado por mí).

Una persona puede decir que las cosas que estamos hablando son muy oscuras, muy tristes, traen aflicción a nuestros corazones. Mi respuesta a eso es: ¡sí!, son oscuras, tristes y traen aflicción, pero la aflicción es para el que <u>no tiene</u> una relación personal con Dios, si usted ha puesto su fe en Jesús, todo esto que estamos hablando debería traernos esperanza, júbilo y la certeza de que las cosas están a punto de mejorar para aquellos que tienen a Jesús en su corazón. ¡Hay grandes beneficios para aquellos que tienen fe!

Hay una palabra en el arameo (que es el lenguaje que Jesús empleó cuando estuvo en la tierra y uno de los tres lenguajes usados para escribir la Biblia); la palabra es **"Maranata"**, esta palabra significa "¡Ven, Señor! - ven pronto". En 1 Corintios 16:22, vemos cómo Pablo usa esta palabra: **"Si alguno no ama al Señor, quede bajo maldición. ¡Maranata!"**

Hago mención de esta palabra porque como seguidores de Cristo, deberíamos tenerla en nuestros labios todo el tiempo. Las dificultades que estamos pasando en estos momentos no son la intención de Dios, es ridículo pensar que nuestro Padre Celestial quiera que sus hijos sufran.

En mi vida, nunca he conocido a un padre o a una madre que quisiera dañar a sus hijos para que ellos sufran. ¿Tiene hijos usted? ¿Desea usted que ellos sufran? La Biblia nos dice que nuestro Padre Celestial nos quiere aún más que nuestro padre terrenal. El amor que nosotros, como padres, tenemos para con nuestros hijos no se puede describir con palabras porque es muy grande, pero aun así, el amor que nuestro Padre Celestial tiene para todos nosotros es más grande que el gran amor que nosotros tenemos por nuestros hijos.

Yo sé que hay parejas que están a punto de divorciarse, ¡eso no es la voluntad de Dios! Yo sé que hay personas con enfermedades, algunas que traen mucha aflicción, ¡eso no es la voluntad de Dios! Yo sé que hay personas que están pasando por grandes tribulaciones financieras, ¡eso no es la voluntad de Dios!

Dios deja que esto suceda porque vivimos en un mundo que está bajo la maldición del pecado, pero esta maldición pronto cesará de existir.

Analicemos lo que encontramos en Lucas: "**¿Quién de ustedes que sea padre, si su hijo le pide un pescado, le dará en cambio una serpiente? ¿O si le pide un huevo, le dará un escorpión? Pues si ustedes, aun siendo malos, saben dar cosas buenas a sus hijos, ¡cuánto más el Padre Celestial dará el Espíritu Santo a quienes se lo pidan!**" (Lucas 11:11-14).

¿El Espíritu Santo? ¿Por qué dice que nos dará el Espíritu Santo? ¡Porque el Espíritu Santo es lo mejor que Dios tiene para dar! ¡Sin el Espíritu Santo no somos nada! Dios siempre nos quiere dar lo mejor, este pasaje comprueba que Dios quiere lo mejor para sus hijos.

En la preparación de este libro, he hecho mucho trabajo para poder estudiar sobre el tema, una de las cosas más importantes en el estudio de eventos proféticos tiene que ver de dónde está saliendo la información.

Por los últimos meses, he tenido la gran fortuna de vincularme con un gran Teólogo y Profesor de Escatología, es decir, un experto en la materia de profecías. El Dr. David Reagan ha escrito varios libros sobre el tema, tiene su propio programa de televisión y ha hecho más de 40 viajes a la tierra prometida;

el conocimiento que este hombre tiene es enorme. Me siento privilegiado de haber podido entender más sobre el tema con lo que he aprendido de él.

Basado en los estudios que he hecho en las escrituras, quiero concluir este capítulo con una pregunta que sigue surgiendo, esta pregunta es de suma importancia; esta fue una pregunta que le hicieron al Doctor Reagan y esta fue su respuesta (yo estoy totalmente de acuerdo con ella): ¿Cree usted que el Anticristo ya está entre nosotros? Y él dijo: Creo que la respuesta es "sí", y lo creo por dos razones:

1. **Israel se convierte en nación de nuevo.** Según mis estudios y lo que hemos podido ver en las escrituras, creemos que la generación que vea el restablecimiento del pueblo de Israel será parte del cumplimiento de las promesas de Dios, ¿qué quiero decir? El 14 de Mayo de 1948, Israel finalmente pudo llegar a ser una nación de nuevo, después de haber estado esparcidos por más de 2,000 años, finalmente se cumplió la promesa de Dios.

Mire lo que Mateo nos dice con respecto a la "Higuera" (Israel): **"Aprendan de la higuera esta lección: Tan pronto como se ponen tiernas sus ramas y brotan sus hojas, ustedes saben que el verano está cerca. [33]Igualmente, cuando vean todas estas cosas, sepan que el tiempo está cerca, a las puertas. [34]Les aseguro que <u>no pasará esta generación</u> hasta que todas estas cosas sucedan".** (Mateo 24:32-34).

Creo que esta escritura nos está diciendo que será la generación que vio el "renacimiento" de Israel la que va a ver la venida del Señor.

Yo sé que esto no es fácil de entender, es más, hasta el Profeta

Daniel tuvo problemas cuando vio la visión que Dios le había dado. Ponga atención a la conversación que él tuvo con Dios: "**Aunque escuché lo que dijo ese hombre, <u>no pude entenderlo</u>, así que le pregunté: "Señor, ¿en qué va a parar todo esto?"** [9]**Y él me respondió: "Sigue adelante, Daniel, que estas cosas se mantendrán selladas y en secreto hasta que llegue la hora final.** [10]**Muchos serán purificados y perfeccionados, y quedarán limpios, pero los malvados seguirán en su maldad. Ninguno de ellos entenderá nada, pero los sabios lo entenderán todo".** (Daniel 12:8-10).

La segunda razón del porqué creo que el Anticristo ya está aquí, dice el Dr. Reagan...

2. **El pueblo Israelita volverá a su tierra de nuevo.** Dios nos dice que en los últimos días el pueblo de Israel será reunido en su tierra natal; eso está sucediendo hoy como nunca había sucedido antes en la historia del mundo. Isaías 11:10-12 ilustra el punto claramente: "**En aquel día se alzará la raíz de Isaí como estandarte de los pueblos; hacia él correrán las naciones, y glorioso será el lugar donde repose.** [11]**En aquel día el Señor volverá a extender su mano para <u>recuperar al remanente de su pueblo</u>, a los que hayan quedado en Asiria, en Egipto, Patros y Cus; en Elam, Sinar y Jamat, y en las regiones más remotas.** [12]**Izará una bandera para las naciones, <u>reunirá a los desterrados de Israel, y de los cuatro puntos cardinales juntará al pueblo esparcido de Judá</u>".**

Le doy las siguientes escrituras para acentuar el segundo punto más aún: Lucas 21:24, Ezequiel 37, Zacarías 12, Mateo 24:32-35. Le animo a que busque estas escrituras para que usted pueda captar lo que está sucediendo hoy día con el pueblo Israelita.

Muchos teólogos entendieron las escrituras correctamente y muchas personas se burlaron de ellos. Estos teólogos mencionaron las mismas escrituras que yo acabo de mencionar, las cuales explican que, en los últimos días, Dios reunirá y traerá a su pueblo de nuevo y lo restablecerá una vez más; como usted ya sabe, eso comenzó en 1948.

Nadie sabe la hora cuando Jesús llegará por su iglesia, pero es incuestionable que estamos viviendo en los últimos días, mi esperanza es que esto sea muy claro para los que leen este libro.

Hace un tiempo atrás estaba en la oficina del dentista, mientras él trabajaba en mis dientes hizo este comentario: "la iglesia católica va a comenzar a dar las misas en latín de nuevo", ¡él estaba fascinado! Yo dije: "que hombre más culto también sabe latín"; después de indagar un poco más me di cuenta de que apenas sabía hablar inglés. ¿Me está entendiendo?, este hombre estaba fascinado por algo que ni siquiera iba a poder entender. ¿De qué nos sirve escuchar algo que no podemos comprender? Dios no desea que seamos ignorantes de su voluntad.

Dios nos dejó su palabra no para que fuera un enigma, sino que la dejó con nosotros para que estuviéramos preparados. Déjeme asegurarle que estamos viviendo los últimos días, ¿está preparado?, ¿es fácil para usted decir **Maranata?**, ¿o no lo dice porque no siente que está preparado?

CAPÍTULO VI

El Rapto

Oración – Padre, hay cosas que son muy difíciles de entender ya que son ajenas a nuestra vida cotidiana. Ayúdanos a seguir confiando en ti en todo y danos un deseo más grande aún de buscar tu rostro y hacer tu voluntad.

¿Qué es el rapto?

"<u>Manténganse listos</u>, con la ropa bien ajustada y la luz encendida. ³⁶<u>Pórtense como siervos</u> que esperan a que regrese su señor de un banquete de bodas, para abrirle la puerta tan pronto como él llegue y toque. ⁴⁰Así mismo deben ustedes <u>estar preparados</u>, porque el Hijo del hombre <u>vendrá</u> cuando menos lo esperen". (Lucas 12:35-36, 40).

El rapto es cuando Jesús desciende de la derecha del Padre a las nubes y se lleva a sus hijos con él.

Basado en mis estudios…

El rapto de la iglesia va a suceder antes de la tribulación.

La segunda venida de Cristo va a ocurrir antes del milenio y después de la tribulación.

La segunda venida de Cristo será después de que el Anticristo haya reinado por 7 años durante el período de tribulación.

Finalmente, la segunda venida de Jesús ocurrirá después de haberse "reconstruido" el templo judío.

Mire el bosquejo en la siguiente página:

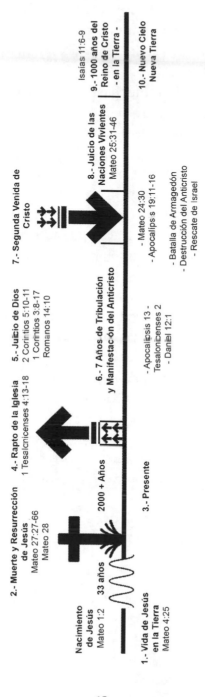

Nacimiento
de Jesús
Mateo 1:2

2.- Muerte y Resurrección
de Jesús
Mateo 27:27-66
Mateo 28

4.- Rapto de la Iglesia
1 Tesalonicenses 4:13-18

5.- Juicio de Dios
2 Corintios 5:10-11
1 Corintios 3:8-17
Romanos 14:10

7.- Segunda Venida de
Cristo

8.- Juicio de las
Naciones Vivientes
Mateo 25:31-46

Isaías 11:6-9
9.- 1000 años del
Reino de Cristo
- en la Tierra -

10.- Nuevo Cielo
Nueva Tierra

33 años

2000 + Años

6.- 7 Años de Tribulación
y Manifestación del Anticristo

1.- Vida de Jesús
en la Tierra
Mateo 4:25

3.- Presente

- Apocalipsis 13 -
Tesalonicenses 2
- Daniel 12:1

- Mateo 24:30
- Apocalipsis 19:11-16

- Batalla de Armagedón
- Destrucción del Anticristo
- Rescate de Israel

Este diagrama es lo que comúnmente se llama *"Diagrama de Dispensación"*. Este panorama tiene como propósito presentar diferentes etapas en la historia del mundo. Hay algunos diagramas que son muy complicados de entender ya que tienen como propósito explicar muchas cosas de una sola vez, yo quise hacer este diagrama muy sencillo para que usted lo pueda entender sin ninguna dificultad.

Es importante que usted note que antes de que el rapto suceda, no hay ningún evento profético (de acuerdo a la Biblia), que tenga que ocurrir. Ahora, si usted se da cuenta, para que ocurra la segunda venida de Cristo (he puesto números para poder seguir el diagrama fácilmente), hay algo que tiene que ocurrir primero: "los 7 años de tribulación."

Por siglos, ha habido debates con respecto a que la iglesia también va a pasar por la tribulación. Es cierto que todos tenemos derecho a nuestra opinión, pero mis estudios me llevan a concluir que la iglesia no va a pasar por este período de tanto dolor que ahora conocemos como "la tribulación."

Quiero darle algunas escrituras para que usted pueda entender por qué es que estoy diciendo que el rapto ocurrirá antes del período de tribulación. Por favor, tome nota.

"Cuando <u>comiencen</u> a suceder estas cosas, cobren ánimo y levanten la cabeza, porque se <u>acerca su redención</u>". (Lucas 21:28).

La palabra clave aquí es: "comiencen"; no dice: "cuando estemos pasando por estas cosas".

"y esperar del cielo a Jesús, su Hijo a quien resucitó, que nos libra del castigo venidero". (1 Tesalonicenses 1:10).

¿Necesito explicar eso? Jesús vendrá y nos juntaremos con él en las nubes. Creo que cuando la Biblia nos dice "castigo venidero", se está refiriendo al período de la tribulación.

"Estén siempre vigilantes, y oren para que <u>puedan escapar</u> de todo lo que <u>está por suceder</u>, y presentarse delante del Hijo del hombre". (Lucas 21:36).

¿Se da cuenta de lo que dice? Oren para poder "escapar" de lo que está por venir. ¿Qué es lo que está a punto de suceder? ¡La tribulación!, (después del rapto).

La escritura nos enseña: **"No todo el que me dice: Señor, Señor entrará al reino de los cielos sino solo el que hace la voluntad de mi Padre que está en el cielo".** (Mateo 7:21).

¿Se acuerda de la escritura que cité en 1 de Corintios 6:9? **"¿No saben que los <u>malvados</u> no heredarán el reino de Dios? ¡No se dejen engañar! Ni los <u>fornicarios</u>, ni los <u>idólatras</u>, ni los <u>adúlteros</u>, ni los <u>sodomitas</u>, ni los <u>pervertidos sexuales</u>, ni los <u>ladrones</u>, ni los <u>avaros</u>, ni los <u>borrachos</u>, ni los <u>calumniadores</u>, ni los <u>estafadores</u> heredarán el reino de Dios".**

No se deje engañar, usted bien saben que los que hacen lo malo no participarán en el reino de Dios; me refiero a los que tienen relaciones sexuales prohibidas, a los que adoran a los ídolos, a los que son infieles en el matrimonio, a los hombres que se comportan como mujeres, a las mujeres que se comportan como hombres, a los homosexuales, a los ladrones, a los que siempre quieren más de lo que tienen, a los borrachos, a los que hablan mal de los demás y a los tramposos. Ninguno de ellos participará del reino de Dios a menos que haya un arrepentimiento genuino de su parte.

Ahora le muestro una de mis escrituras favoritas, creo que este pasaje también está hablando de la tribulación: "**Ya que has guardado mi mandato de <u>ser</u> <u>constante</u>, yo por mi parte te guardaré de la <u>hora de tentación</u>, que vendrá sobre el mundo entero para poner a prueba a los que viven en la tierra**".

(Apocalipsis 3:10).

Aquí hay otra escritura para probar lo que estoy diciendo; creo que el rapto ocurrirá "antes" de la tribulación: "**Y ahora que hemos sido justificados por su sangre, ¡con cuánta más razón, por medio de él, <u>seremos salvados</u> del castigo de Dios!**" (Romanos 5:9).

El propósito de la tribulación es evidenciar el escenario donde Dios impartirá de su castigo: "**Y esperar del cielo a Jesús, su Hijo a quien resucitó, que nos libra del castigo venidero**". (1 Tesalonicenses 1:10). La única manera de que nos salvemos del castigo de Dios es teniendo la certeza de que Jesús mora en nuestro corazón, es por eso por lo que pongo tanto énfasis en hacer confesión de fe, "<u>no Cristo, no salvación eterna</u>".

La iglesia está inmune al castigo de Dios en cuanto a la situación de la tribulación se refiere. Si usted, por ejemplo, no quiere enfermarse con la influenza porcina, se vacunará con un antídoto; de igual manera, el antídoto para la vida eterna es Jesús.

Si entendemos la razón del rapto, podemos al mismo tiempo,

entender que aquellos que han puesto su fe en Dios no pasarán por este período de tormento. Algunos dicen que la iglesia debe pasar por una purificación, pero yo digo que una persona que es verdaderamente cristiana, es una persona que ya ha sido purificada con la sangre de Cristo que limpia nuestras vidas del pecado. **"Ya vosotros estáis limpios por la palabra que os he hablado. ⁴Permaneced en mí, y yo en vosotros".** (Juan 15:3, 4a).

Un buen ejemplo de esto se encuentra en la tradición judía. Después de que el novio se comprometía con la novia *(Shiddukhin)*, éste regresaba a la casa de su padre para preparar un lugar de residencia para su futura esposa. El asunto es que el novio podía regresar a buscar a su esposa en cualquier momento, el hecho de que el novio podía llegar inesperadamente hacía que la novia estuviese lista todo el tiempo para irse con él, ella no sabía el momento en que él llegaría. Al llegar el novio, éste se llevaba a su novia al lugar que él había preparado, donde después de su promesa se quedaban ahí por 7 días completos. Lo mismo sucede con el rapto, Cristo llegará a buscar a los que estamos caminando con Él en fe (porque todo lo que se hace sin fe es pecado). Nos iremos con Él a este lugar que ha preparado y estaremos con Él por 7 años, después regresaremos junto con Él para reinar en la tierra por mil años.

Decir que la iglesia pasará por los 7 años de tribulación es decir que el novio judío llegaba por su novia y la ponía en ese lugar que había preparado por 7 días donde él la castigaba antes de la boda, ¡eso no es bíblico ni tiene sentido!

Esta es la mejor manera en que yo puedo explicar lo que el rapto es: a través de Moisés, Dios liberó al pueblo de Israel de la esclavitud. Los judíos estuvieron bajo el yugo de Egipto donde éstos fueron abusados y maltratados por cientos de años, Dios utilizó a Moisés para evacuar a lo que se estima haber sido más de 2 millones de judíos para así llevarlos a la tierra prometida (Éxodo 5). Egipto experimentó la evacuación más grande en la historia del mundo, se estima que en ese entonces la población de egipcios era aproximadamente de 3 millones de personas, si añadimos los 2 millones de judíos, nos da un total de 5 millones de personas viviendo en el mismo lugar. Imagínese por un momento la ciudad de Santiago, Chile, donde hoy residen alrededor de 5 millones de personas, de repente algo pasa y 2 millones de personas ya no están ahí, de la noche a la mañana desaparecen sin dejar rastro alguno.

El rapto será la evacuación más grande en la historia del mundo, Dios evacuará a su iglesia para salvarla de una devastación horrible que ocurrirá durante el período de 7 años; en un milisegundo, millones y millones de personas desaparecerán de la tierra.

Le pido que usted piense en esto: mucha gente dice que las cosas no se pueden poner peor; la economía está muy mal, hay alto desempleo por todos lados, la comida sigue subiendo de precio, etc., etc., etc. Basado en lo que yo leo en la Biblia, creo que las cosas están a punto de ponerse muy, muy mal para aquellos que se van a quedar aquí ya que tendrán que pasar por esos 7 años de horrible destrucción.

Imagínese por un momento ese día. Los creyentes han desaparecido, ¿cómo se verá ese día en la tierra cuando esto ocurra?

Aviones chocando, autos sin chofer, autobuses fuera de control, pacientes (creyentes) en los hospitales desaparecerán, doctores que están a punto de operar a un paciente desaparecerán, niños desaparecerán de sus casas y de las escuelas. Pánico, terror, millones de personas a través de todo el mundo buscando a sus niños, la gente no sabrá lo que ha sucedido, las noticias reportarán un caos total en el mundo entero.

La palabra "rapto" significa: "manifestación o expresión de pasión o extasié, ser capturados". Todo eso será verdad para aquel que estará participando en el rapto, pero no para aquel que se queda atrás.

"Ahora, hijitos, permaneced en él, para que cuando se manifieste, tengamos confianza, para que en su venida no nos alejemos de él avergonzados". (1 Juan 2:28).

Hay algo que es importante mencionar: varias veces he dicho "que no hay ninguna profecía que se tenga que cumplir para que el RAPTO ocurra", pero sí hay profecías que se tienen que cumplir para que la SEGUNDA VENIDA de Cristo ocurra. Ejemplo: la reocupación de Israel por los judíos una vez más (Zacarías 12, Lucas 21:24, Ezequiel 37, Mateo 24:32-35).

Creo que la ocupación "total" de Israel puede ocurrir y ocurrirá durante los 7 años de tribulación.

El rapto será algo que ocurrirá "de repente" y será un evento donde solo los "creyentes" podrán darse cuenta de lo que está sucediendo; es por eso por lo que después del rapto la mayoría de la gente en la tierra no sabrá que ocurrió y habrá mucha confusión, tal como ocurrió en los días de Noé y en los días de Lot.

Después de que los creyentes estén 7 años en el paraíso con

Cristo, Él vendrá por segunda vez a la tierra y nosotros vendremos con Él, ese evento será visto por todo el mundo y no habrá ninguna duda de lo que ha ocurrido.

"He aquí, viene con las nubes y <u>todo ojo le verá</u>, aun los que le traspasaron; y todas las tribus de la tierra harán lamentación por Él; sí. Amén". (Apocalipsis 1:7).

"Inmediatamente después de la tribulación de aquellos días, "se oscurecerá el sol y no brillará más la luna; las estrellas caerán del cielo y los cuerpos celestes serán sacudidos". (Mateo 24:29).

"...lo cual significa que va a remover lo que no tenga cimientos firmes, y que tan sólo permanecerá lo inconmovible". (Hebreos 12:27).

Si no ha pensado en esto, mi pregunta para usted es: ¿Qué va a hacer con esta información? ¿Le va a motivar a usted a estar preparado o seguirá su vida como todos los días?

CAPÍTULO VII

El Rapto, Más Cerca que Nunca

Oración – Señor, ayúdanos a tener un sentido de urgencia y vivir cada minuto como si fuera el último aquí en la tierra. Ayúdanos a aprovechar el tiempo y no desperdiciar ninguna oportunidad de llevar las Buenas Nuevas a las personas que llegan a nuestra vida.

En el año 1900 no se podía encontrar un solo indicio de que la segunda venida de Cristo estuviera por ocurrir; después de 1917 empezamos a ver señal tras señal de su inminente segunda venida. En ese año, los alemanes perdieron la primera guerra mundial, y los británicos tomaron posesión de la tierra de Palestina con el propósito de hacer de ella un lugar para Israel. **(Declaración de Balfour).** Desde ese momento, podemos ver varias clases de señales que nos dan a conocer que la venida de Jesús está muy cerca.

Las catástrofes en la tierra nos demuestran este punto. Por los últimos 10 años, Estados Unidos ha pasado por un sin fin de catástrofes naturales que han devastado ciertas partes de la nación. En el invierno de 2011, vimos cómo el desborde del río Mississippi dejó daños que se estiman en billones de dólares, millares de casas y negocios se inundaron dejando a miles y miles de personas en la calle, y esto es solo para nombrar lo más reciente que ha ocurrido en el planeta. Yo podría fácilmente, escribir un libro dos veces más grande que éste con todo lo que ha ocurrido en el planeta en los últimos 10 años.

Para qué hablar de los terremotos, podría escribir un libro entero sobre el tema. En este libro estoy incluyendo un gráfico que hice mostrando información que recopilé de la Oficina Sísmica de Estados Unidos, en dicho gráfico muestro los terremotos de 6.5 (RS) por los últimos 100 años. (Vea el gráfico en la siguiente página).

Mateo nos dice: **"Respondiendo Jesús, les dijo: Mirad que nadie os engañe. [5]Porque muchos vendrán en mi nombre, diciendo: "Yo soy el Cristo", y engañarán a muchos. [6]Y habréis de oír de guerras y rumores de guerras. ¡Cuidado! No os alarméis, porque es necesario que todo esto suceda; pero todavía no es el fin. [7]Porque se levantará nación contra nación, y reino contra reino, y en diferentes lugares habrá hambre y terremotos. [8]Pero todo esto es sólo el comienzo de dolores"**. (Mateo 24:4-8). Esto será como cuando una mujer está a punto de dar luz a su bebé. Los dolores comienzan y al principio no traen mucha intensidad pero luego se van incrementando a medida que transcurre el tiempo.

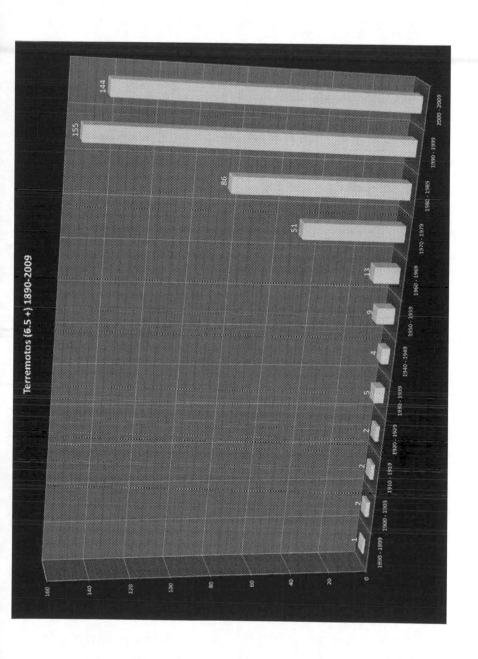

Si usted se da cuenta, este gráfico no incluye los años 2010 y 2011. En estos dos años, hemos visto terremotos de grandes proporciones en diversas partes de la tierra, los más grandes fueron en China, Japón, México, Chile, Argentina, España y Haití.

Hay señales que afectan la manera en que vivimos: el hambre, el desempleo, la falta de medicina, la economía, etc. ¿Tengo que hablar de esto? Hay que ser ciego para no darse cuenta de que en estos momentos estamos pasando una crisis económica global, el desempleo sigue creciendo y muchos andan preocupados. Esta situación no solo ha afectado a Estados Unidos (especialmente después del ataque a las Torres Gemelas), sino que es una situación global. En los últimos dos años he tenido la oportunidad de estar en México, Cuba y Chile, y he podido ver con mis propios ojos cómo la inestabilidad en la economía está afectando a estas naciones.

También hay señales que afectan nuestra vida spiritual, las escrituras son claras y nos dicen que la unción del Espíritu Santo caerá en aquellos que buscan de Dios. **"Sucederá que en <u>los últimos días</u> "dice Dios", derramaré mi Espíritu sobre todo el género humano. Los hijos y las hijas de ustedes profetizarán, tendrán visiones los jóvenes y <u>sueños</u> los ancianos".** (Hechos 2:17).

La Biblia también nos dice que en los últimos días, el Espíritu Santo va a caer sobre la gente. El año después de que Israel se convirtió en una nación hubo un gran derramamiento del Espíritu en ese país; ese mismo año, el ministerio del Rev. Billy Graham creció enormemente en Estados Unidos. Es increíble ver la rapidez de cómo las profecías se han venido cumpliendo, años atrás no podíamos entender algunas cosas que hoy sí.

Déjeme darle un ejemplo. En 1909, el pastor C.I. Scofield (Dallas, Texas), publicó la primera Biblia de estudio. En esos años, esto creó mucha controversia ya que muchos dijeron que Scofield estaba añadiendo a la palabra de Dios. En fin, una de las cosas que este hombre dijo en ese entonces (después de estudiar las escrituras), es que Rusia iba a invadir a Israel en los últimos días, (Ezequiel 38-39); esto también creó mucha controversia ya que en esos tiempos Israel no era una nación, y Rusia era una nación que se consideraba Cristiana Ortodoxa. Ejemplo dado por Dr. David Reagan.

¿Cómo es posible que una nación "cristiana" pudiera invadir una nación que no existía? Hoy día, Rusia no es una nación cristiana y ahora Israel existe como nación. Scofield, basó su predicción en el libro de Ezequiel capítulos 38 y 39, él lo hizo, aunque cien años atrás eso no se podía comprender. ¿Me está entendiendo?

Cuando se trata de señales espirituales, la Biblia también nos dice que en los últimos días veremos un aumento de sectas, (los mormones y los Testigos de Jehová, por nombrar algunas). Dichas sectas comenzaron en el siglo 19, y en el siglo 20 hubo una explosión de éstas.

¿Sabía usted que en Estados Unidos hay más de 1,200 sectas? Estas organizaciones dedican su tiempo y esfuerzo a traer noticias contrarias a lo que la Biblia nos dice; si usted habla con un Testigo de Jehová él le dirá que cree en Jesús, pero hay que tener cuidado con eso porque hasta Satanás y los demonios creen en Jesús.

Con la explosión de sectas tenemos la entrada de personajes como David Koresh, Jim Jones y el último personaje que ahora radica en Miami que dice ser Jesucristo encarnado, el señor José Luis de Jesús Miranda. Este hombre, tiene en estos momentos más de 30 centros a través del país donde él proclama ser el Mesías, además de esto, tiene mansiones, maneja Rolls Royce y la gente le llama Jesús.

Él dice que el pecado y el diablo no existen. Recientemente le hicieron una entrevista donde le preguntaron si él era el Anticristo y dijo: "no, yo no soy el Anticristo y se los puedo probar; el Anticristo hará milagros y yo no hago milagros, yo solo tomo Scotch y Bourbon". En los últimos días habrá engaños, Mateo lo pone así: "**Y se levantarán muchos profetas falsos, y a muchos engañarán**". (Mateo 24:11).

En Mateo 24:12, Jesús dice esto sobre los tiempos finales: "**Y debido al aumento de la iniquidad, el amor de muchos se enfriará**". Hoy, basta con leer los periódicos, escuchar las noticias en la radio y televisión, y ver la conducta de las personas para darnos cuenta de que esto es cierto.

También veremos señales que tienen que ver con la política mundial; lo que está sucediendo políticamente en diferentes partes del mundo sirve como indicador a lo que la Biblia ya señaló. Estas señales nos dan a entender que en los últimos días Israel será una nación una vez más; esto sucedió el 14 de mayo 1948. Estas señales nos dicen que la nación de Israel será instigada por los países árabes (es lo que está ocurriendo en estos momentos en el Medio Oriente), estas naciones están tratando de arrebatar la tierra que le pertenece a los judíos.

El Imperio Romano será restituido una vez más; hoy día, Europa ha establecido lo que se conoce como la Sociedad Europea.

La Biblia nos dice que habrá una amenaza directa a Israel de parte de Rusia, (desde el norte). La Biblia también nos dice que una armada de 200 millones de soldados vendrá desde el este, creemos que se está refiriendo a China viniendo en contra de Israel. Por primera vez en la historia de la humanidad, podemos ver cómo en estos precisos momentos, estos hechos están aconteciendo o están a punto de acontecer.

Creo que todo lo que tenemos que hacer para darnos cuenta de que muchas profecías se están cumpliendo, es observar lo que está sucediendo en Israel, la Biblia nos dice mucho sobre lo que ocurrirá en los últimos días con esta nación. Las profecías nos dicen que habrá ciertas cosas que envolverán al pueblo judío, y cuando esto suceda, habrá consecuencias para todo el mundo, ya he hablado mucho con respecto a esto. Hay profecías que ya se han cumplido y otras que están a punto de cumplirse.

En el libro de Isaías leemos que en los últimos días los judíos se juntarán. "**Entonces acontecerá en aquel día que el Señor ha de recobrar de nuevo con su mano, por segunda vez, al remanente de su pueblo que haya dado de siria, de Egipto, de Patros, de Cus, de Elam, de Sinar, de Hamat y de las islas del mar. [12]Alzará un estandarte ante las naciones, <u>reunirá a los desterrados</u> de Israel, y juntará a los dispersos de Judá de los cuatro confines de la tierra"**. (Isaías 11:11-12). Esta escritura no puede ser más explícita. Esto está ocurriendo en estos momentos, miles y miles de judíos están regresando a Israel, cosa que nunca se había visto antes.

Isaías 66:7-8 nos habla del restablecimiento de Israel: "**Antes que estuviera de parto, ella dio a luz; antes que le vinieran los dolores, dio a luz un niño. ¿Quién ha oído cosa semejante? ¿Quién ha visto tales cosas? <u>¿Es dado a luz un país en un solo</u>**

día? ¿Nace una nación toda de una vez? Pues Sion apenas estuvo de parto, dio a luz a sus hijos".

Mateo nos habla de la reocupación de la ciudad de Jerusalén: "Y caerán a filo de espada, y serán llevados cautivos a todas las naciones; y Jerusalén será hollada por los gentiles, hasta que los tiempos de los gentiles se cumplan". (Mateo 21: 24).

Zacarías nos dice que Jerusalén será el centro político en todo el mundo, y no solo eso, sino que además, Jerusalén será un lugar que todo el mundo odiará. "He aquí, yo haré de Jerusalén una copa de vértigo para todos los pueblos de alrededor, y cuando haya asedio contra Jerusalén, también lo habrá contra Judá. ³Y sucederá aquel día que haré de Jerusalén una piedra pesada para todos los pueblos; todos los que la levanten serán severamente desgarrados. Y contra ella se congregarán todas las naciones de la tierra". (Zacarías 12:2-3).

Otra manera de darnos cuenta de lo que sucederá en los últimos días es a través de las señales que envuelven la tecnología. ¿Sabía usted que los adelantos tecnológicos también sirven para comprobar lo que la Biblia nos dice que va a ocurrir? Le doy un ejemplo: La Biblia nos dice que en los últimos días habrá dos testigos que hablarán de Jesús, y dice que todo el mundo los podrá ver durante el período de la tribulación y todo el mundo los odiará; el Anticristo los matará y ganará aún más popularidad. La Biblia nos dice en Apocalipsis capítulo 11, que estos dos hombres serán asesinados por el Anticristo, se quedarán en la calle, muertos por tres días enteros, y la Biblia todavía nos dice que "todo el mundo los va a poder ver", Dios los resucitará y serán llevados al paraíso. Eso era imposible de entender 50 años atrás, hoy día, casi todo el mundo tiene teléfonos celulares, cámaras digitales, televisores y computadoras, y más aún, ahora con el uso de los medios sociales como Facebook, Twitter y Skype, en cuestión de minutos podemos filmar un evento en el Medio Oriente y bajar el video usando uno de estos medios sociales para que todo el mundo los pueda ver. La tecnología que tenemos hoy día es increíble y será usada para que esta profecía llegue a cumplirse.

Ahora quiero de una vez por todas demostrar el hecho de que el rapto está más cerca que nunca.

A continuación, estoy dando una lista de razones y pasajes bíblicos del porqué creo que el rapto está más cerca que nunca:

Habrá más inestabilidad mundial. "...**habrá grandes terremotos, y plagas y hambres en diversos lugares; y habrá terrores y grandes señales del cielo**". (Lucas 21:11).

Habrá más violencia. "...**Y debido al aumento de la iniquidad, el amor de muchos se enfriará**". (Mateo 24:12). Todo lo que tenemos que hacer es ver las noticias para darnos cuenta de que en la mayoría del mundo hay conflictos de gran proporción.

Habrá más inmoralidad. "**Porque como en los días de Noé, así será la venida del Hijo del Hombre**". (Mateo 24:37).

Habrá más materialismo. "**Porque los hombres serán amadores de sí mismos y avaros**". (2 Timoteo 3:2). Hoy en día hay mucha gente que solo quiere complacerse a sí misma.

Habrá más búsqueda de placer (hedonismo). "**Porque los hombres serán traidores, impetuosos, envanecidos, amadores de los placeres en vez de amadores de Dios**". (2 Timoteo 3:4).

Lo malo es bueno y lo bueno es malo. "**¡Ay de los que llaman al** mal bien y al bien mal, que tienen las tinieblas por luz y la luz por tinieblas, que tienen lo amargo por dulce y lo dulce por amargo!". (Isaías 5:20). Si tuviera el tiempo podría escribir un capítulo entero sobre esta escritura. Lo que Dios llama pecado el hombre lo "justifica" al cambiarle el nombre, si esto no fuera tan serio llegaría a ser cómico. Por ejemplo, al homosexualismo ya no se le conoce como eso, se le ha cambiado el nombre a "estilo de vida". El vivir con la pareja sin estar casados no se le conoce como "fornicación" sino como "conviviendo". El pecado es el pecado, podremos tratar de camuflar el pecado pero, ¿a quién engañamos?, ¡a nosotros mismos!

Habrá más blasfemia. "**Porque los hombres serán amadores de sí mismos, avaros, jactanciosos, soberbios, blasfemos, desobedientes a los padres, ingratos, <u>irreverentes</u>".** (2 Timoteo 3:2). Hoy no se puede ver televisión sin que salgan palabras insolentes, es casi imposible ir al cine con los niños sin estar preocupados por lo que van a decir en la película.

Habrá una mayor decadencia moral. "**Porque los hombres serán amadores de sí mismos, avaros, jactanciosos, soberbios, blasfemos, desobedientes a los padres, ingratos, irreverentes, ³sin amor, implacables, calumniadores, desenfrenados, salvajes, aborrecedores de lo bueno, ⁴traidores, impetuosos, envanecidos, amadores de los placeres en vez de amadores de Dios".** (2 Timoteo 3:2-4). ¡Este pasaje lo dice todo!

Habrá más desesperación. "**Pero debes saber esto: que en los últimos días <u>vendrán tiempos difíciles</u>".** (2 Timoteo 3:1). Debido a mi profesión, me puedo dar cuenta de esto casi todos los días; constantemente estoy dando consejería a personas en mi oficina, que ya no saben qué hacer, especialmente cuando se trata del matrimonio, ¡esto es una epidemia mundial!

Habrá aumento de conocimiento. "...y **el conocimiento aumentará**". (Daniel 12:4b). Somos la generación más avanzada en la historia del hombre, los avances tecnológicos que tenemos hoy en día son simplemente increíbles, en cosa de segundos podemos obtener una cantidad impresionante de información a través del internet. Mientras escribo este libro, acabo de escribir la palabra "Cristo" en un Search Engine en el internet y pude obtener 137 millones de resultados sobre esa palabra en cosa de 0.11 segundos. ¡Esto es increíble!

Habrá señales del cielo. "**Habrá grandes terremotos, y plagas y hambres en diversos lugares; y habrá terrores y grandes señales del cielo**". (Lucas 21:11).

Habrá aumento de sectas. "**Y se levantarán muchos profetas falsos, y a muchos engañarán**". (Mateo 24:11). Ya hablamos de este asunto en las páginas anteriores.

Aumento de falsos Cristos. "**Porque muchos vendrán en mi nombre, diciendo: "Yo soy el Cristo", y engañarán a muchos**". (Mateo 24:5). La gente se está dejando llevar por el carisma del hombre en vez de la verdad de Dios, yo veo esto todos los días en mi profesión. Este asunto realmente me alarma, me preocupa y me entristece; me he dado cuenta de que en los dos últimos años este asunto ha aumentado rápidamente, las personas están siendo engañadas con falsedades. La gente se está convirtiendo en manadas de reses que son llevadas al matadero para ser ejecutadas, esto me hace recordar el Holocausto. Los judíos fueron a las cámaras de gases con el conocimiento (falso) de que se les iba a bañar en grupos cuando todos sabemos que se les estaba encerrando en un cuarto para asesinarlos con gas, eso es lo que está sucediendo hoy en día con multitudes de personas. Es por eso por lo que no me canso de amonestar a la gente con respecto a la importancia de "realmente" conocer lo que las escrituras nos dicen. **"Es por falta de conocimiento que mi pueblo perece"**, dice Dios.

Habrá renunciamiento a la religión (apostasía). **"Porque vendrá tiempo cuando no soportarán la sana doctrina, sino que teniendo comezón de oídos, acumularán para sí maestros conforme a sus propios deseos; ⁴y apartarán sus oídos de la verdad, y se volverán a mitos"**. (2 Timoteo 4:3-4). Este es otro asunto que he visto en los dos últimos años. La gente busca "estilo" en vez de buscar la "verdad". Muchos se van a otras iglesias porque no les gustó el estilo del pastor o lo que el pastor dijo, ¡esto no es de Dios!

Si el pastor está predicando la verdad de acuerdo a la Biblia, el creyente debería crecer espiritualmente y no abandonar la iglesia porque no le gustó el estilo del pastor. Ahora, si el ministro o pastor no está dando más que su opinión y no hay verdad bíblica, busque una iglesia donde se use la Biblia. ¡No se salga de ahí, corra de ahí!

Los cristianos verán más persecución. **"Entonces os entregarán a tribulación, y os matarán, y seréis odiados de todas las naciones por causa de mi nombre"**. (Mateo 24:9).

Habrá aumento en lo oculto. **"Pero el Espíritu dice claramente que en los últimos tiempos algunos apostatarán de la fe, prestando atención a espíritus engañadores y a doctrinas de demonios"**. (1 Timoteo 4:1).

Habrá guerras y rumores de guerra. **"Y habréis de oír de guerras y rumores de guerras. ¡Cuidado! No os alarméis,** porque es necesario que todo esto suceda; pero todavía no es el fin". (Mateo 24:6).

Habrá armas de destrucción nuclear. "**Se desmayarán de terror los hombres, temerosos por lo que va a sucederle al mundo, porque los cuerpos celestes serán sacudidos**". (Lucas 21:26). Lo que hemos visto en los últimos años en el mundo y lo que se verá durante los 7 años de tribulación, claramente testifican sobre la verdad de este pasaje.

Habrá mucho avance tecnológico. "**Y sus cadáveres yacerán en la calle de la gran ciudad, que simbólicamente se llama Sodoma y Egipto, donde también su Señor fue crucificado. [9]Y gente de todos los pueblos, tribus, lenguas y naciones, <u>contemplarán</u> sus cadáveres por tres días y medio**". (Apocalipsis 11:8-9). Este pasaje se refiere a los dos testigos que serán asesinados durante los 7 años de tribulación los cuales serán vistos por todo el mundo vía medios de comunicación.

Habrá realidad virtual. "**Además, engaña a los que moran en la tierra a causa de las señales que se le concedió hacer en presencia de la bestia, diciendo a los moradores de la tierra que hagan una <u>imagen</u> de la bestia que tenía la herida de la espada y que ha vuelto a vivir. [15]Se le concedió dar aliento a la <u>imagen</u> de la bestia, para que la imagen de la bestia también hablara e hiciera dar muerte a todos los que no adoran la <u>imagen</u> de la bestia**". (Apocalipsis 13:14-15).

La unión de los judíos. "**Acontecerá en aquel día que las naciones acudirán a la raíz de Isaí, que estará puesta como señal para los pueblos, y será gloriosa su morada. [11]Entonces acontecerá en aquel día que el Señor ha de recobrar de nuevo con su mano, por segunda vez, al remanente de su pueblo** que haya quedado de Asiria, de Egipto, de Patros, de Cus, de Elam, de Sinar, de Hamat y de las islas del mar. ¹²Alzará un estandarte ante las naciones, reunirá a los desterrados de Israel, y juntará a los dispersos de Judá de los cuatro confines de la tierra". (Isaías 11:10-12).

Restablecimiento de Israel. "**Voz de estruendo viene de la ciudad, una voz sale del templo: la voz del SEÑOR que da el pago a sus enemigos. ⁷Antes que estuviera de parto, ella dio a luz; antes que le vinieran los dolores, dio a luz un niño. ⁸¿Quién ha oído cosa semejante? ¿Quién ha visto tales cosas? ¿Es dado a luz un país en un solo día? ¿Nace una nación toda de una vez? Pues Sion apenas estuvo de parto, dio a luz a sus hijos**". (Isaías 66:6-8).

Reocupación de Israel. "...**y caerán a filo de espada, y serán llevados cautivos a todas las naciones; y Jerusalén será hollada por los gentiles, hasta que los tiempos de los gentiles se cumplan**". (Lucas 21:24).

Habrá un avivamiento de militarismo de Israel. "...**Aquel día haré de los jefes de familias de Judá como brasero de fuego entre leños, y como antorcha ardiendo entre gavillas, y consumirán a diestra y a siniestra a todos los pueblos de alrededor, y Jerusalén será habitada de nuevo en su lugar, en Jerusalén**". (Zacarías 12:6).

Jerusalén se convertirá en el centro de política mundial. "**Y sucederá aquel día que haré de Jerusalén una piedra pesada para todos los pueblos; todos los que la levanten serán severamente desgarrados. Y contra ella se congregarán todas las naciones de la tierra**". (Zacarías 12:3).

Rusia se convertirá en una amenaza para Israel. El libro de Ezequiel capítulos 38 y 39 explica en detalle este evento. Habrá países árabes que se convertirán en amenaza para Israel. El libro de Ezequiel capítulos 35 y 36 explica en detalle lo que va a suceder en contra de Israel.

Habrá aquellos que negarán la venida de Cristo. "**Ante todo, sabed esto: que en los últimos días vendrán burladores, con su sarcasmo, siguiendo sus propias pasiones, ⁴y diciendo: ¿Dónde está la promesa de su venida? Porque desde que los padres durmieron, todo continúa tal como estaba desde el principio de la creación**". (2 Pedro 3:3-4).

Habrá derrame del Espíritu Santo. "**Y sucederá que después de esto, derramaré mi Espíritu sobre toda carne; y vuestros hijos y vuestras hijas profetizarán, vuestros ancianos soñarán sueños, vuestros jóvenes verán visiones. ²⁹Y aun sobre los siervos y las siervas derramaré mi Espíritu en esos días**". (Joel 2:28-29).

La Biblia será traducida en muchos lenguajes y será predicada en todas las naciones. "**Y este evangelio del reino se predicará en todo el mundo como testimonio a todas las naciones, y entonces vendrá el fin**". (Mateo 24:14).

Habrá más entendimiento de profecía en la Biblia. "**Yo oí, pero no pude entender. Entonces dije: Señor mío, ¿cuál será el resultado de estas cosas? ⁹Y él respondió: Anda, Daniel, porque estas palabras están cerradas y selladas hasta el tiempo del fin**". (Daniel 12:8-9).

Habrá una explosión de la población mundial. "**Y el número**

de los ejércitos de los jinetes era de doscientos millones; yo escuché su número". Apocalipsis 9:16).

Los Demógrafos estiman que cuando Juan escribió el libro de Apocalipsis solamente había unos 200 millones de personas en el planeta, tomó 1650 años para que la población se duplicara a 400 millones. Al principio del siglo 20 solo había 1.6 billones de personas en el mundo, hoy, hay casi 7 billones de habitantes, lo que significa que en 110 años la población del mundo ha crecido más de 5 billones de habitantes, (sin contar los 50 millones de bebés que hemos matado en Estados Unidos desde 1973).

Niegan que la creación fue hecha por Dios (Romanos 1:18-22). **"Pero Dios muestra su ira desde el cielo contra todos los que son pecadores y perversos, que detienen la verdad con su perversión. [19]Ellos conocen la verdad acerca de Dios, porque él se la ha hecho evidente. [20]Pues, desde la creación del mundo, todos han visto los cielos y la tierra. Por medio de todo lo que Dios hizo, ellos pueden ver a simple vista las cualidades invisibles de Dios: su poder eterno y su naturaleza divina. Así que no tienen ninguna excusa para no conocer a Dios. [21]Es cierto, ellos conocieron a Dios, pero no quisieron adorarlo como Dios ni darle gracias. En cambio, comenzaron a inventar ideas necias sobre Dios. Como resultado, la mente les quedó en oscuridad y confusión. [22]Afirmaban ser sabios, pero se convirtieron en completos necios".** Muy a menudo, cuando escucho a personas decir que Dios no existe, se basan en ideas sin fundamento alguno que han escuchado de otras personas; a medida que transcurre el tiempo, veremos más de esto aún.

Habrá mucha facilidad de viajar por todo el mundo. **"Muchos correrán de aquí para allá".** (Daniel 12:4b). Es increíble la facilidad de viajar que tenemos hoy en día, viajes que tomaban días o hasta semanas, hoy solo toman horas.

He puesto estas 34 profecías en este capítulo (hay muchas más), porque esto se encuentra en la Biblia para ayudarnos a estar preparados. Si esto está en la Biblia es porque viene directamente de la boca de Dios.

¿Está listo? ¡Si usted tiene a Jesús en su corazón, usted tiene vida eterna!

CAPÍTULO VIII

¿Qué Dice la Biblia sobre Estados Unidos?

Oración – *Señor, Estados Unidos ha sido un país que tú siempre has usado para mandar bendición a otros países del mundo, especialmente a Israel. Pedimos tu protección y dirección para que Estados Unidos se vuelva a tus caminos.*

Una de las preguntas más comunes por parte de las personas es: ¿Habla la Biblia sobre Estados Unidos?

En mi vida de cristiano, he escuchado numerosas opiniones y conclusiones que muchas veces ni siquiera tienen una base bíblica, es decir, son solamente opiniones sin fundamento alguno.

Exploremos juntos lo que la Biblia nos dice respecto a este país que ha sido una nación por más de 240 años.

Déjeme decirle que en la historia de la humanidad ha habido

varias naciones que han sido bendecidas grandemente, pero ninguna de ellas has sido tan bendecida como Estados Unidos de Norteamérica (con la excepción de Israel, por supuesto). Es muy fácil darse cuenta de que esta nación ha recibido el favor de Dios desde el principio de su concepción; mucha gente se ha mudado de sus países natales a este país porque saben que la bendición de Dios ha estado aquí (incluyéndome a mí).

La otra nación que fue grandemente bendecida por Dios fue la nación de Judá. Lamentablemente, llegó un tiempo donde la nación de Judá se apartó de las cosas de Dios y eso los llevó a su destrucción. El profeta Habacuc tuvo la responsabilidad de advertirle a este pueblo, pero al final, Dios decidió mandar a la nación de los Caldeos para destruirlos completamente.

Muchas personas afirman que Estados Unidos está en la Biblia. ¿Cuáles son las escrituras que la gente usa para probar que Estados Unidos es parte de la profecía?

Algunos dicen que Isaías 18 es el pasaje en la Biblia que habla de Estados Unidos, y lo dicen por esto: **"Una nación de gente alta y lampiña; a un pueblo temido por doquier, a una nación agresiva y dominante, cuya tierra está surcada por ríos".** (Isaías 18:2).

Gente alta y lampiña, ciertamente describe a los norteamericanos; pueblo temido, Estados Unidos ha sido una nación poderosa y temida, lo probó al salir del yugo de Gran Bretaña 235 años atrás. Tierra surcada por ríos, Estados Unidos definitivamente llena está descripción ya que es un país dividido por el río Mississippi.

Pero sigamos leyendo, ya que otras personas usan esta parte del capítulo 18 en el libro de Isaías: "**En aquel tiempo ese pueblo de alta estatura y de lampiña piel, ese pueblo temido en todas partes, esa nación agresiva y dominante, cuya tierra está surcada por ríos, le llevará ofrendas al Señor Todopoderoso. Se las llevará al monte Sión, al lugar donde habita el nombre del Señor Todopoderoso**". (Isaías 18:7).

La gente asume que porque a Estados Unidos se le considera ser una nación cristiana, entonces automáticamente traerá ofrendas a Dios, pero es obvio que al comienzo del referido capítulo 18, podemos ver que el escritor menciona el nombre Cus; este lugar (Cus), es lo que hoy se conoce como el país de Etiopía, y nos habla sobre los ríos. La escritura es explícita y nos menciona el río Nilo, lo que hace aún más obvio el hecho de que se está hablando de Etiopía y no de Estados Unidos.

Otros usan el capítulo 38 de Ezequiel, este capítulo habla de una nación del norte que invadirá a Israel; bueno, este pasaje tampoco está hablando de Estados Unidos, pero parece una vez más asegurar que será Rusia el país que invada a Israel.

Hay otro pasaje que tiene que ver con el "gran águila". "**Cuando el dragón vio que había sido arrojado a la tierra, persiguió a la mujer que había dado a luz al Hijo varón. ¹⁴Y se le dieron a la mujer las dos alas de la gran águila a fin de que volara de la presencia de la serpiente al desierto, a su lugar, donde fue sustentada por un tiempo, tiempos y medio tiempo. ¹⁵La serpiente arrojó de su boca, tras la mujer, agua como un río, para que ella fuera arrastrada por la corriente. ¹⁶Pero la tierra ayudó a la mujer, y la tierra abrió su boca y tragó el río que el dragón había arrojado de su boca. ¹⁷Entonces el dragón se enfureció contra la mujer, y salió para hacer guerra contra el resto de la descendencia de ella, los que guardan** los mandamientos de Dios y tienen el testimonio de Jesús". (Apocalipsis 12:13-17).

La palabra "dragón" representa a Lucifer (Satanás).
La palabra "mujer" representa a Israel.
La palabra "varón" representa a Jesús.

Estos versículos tampoco tienen nada que ver con Estados Unidos ya que la Biblia está hablando sobre Israel. El Anticristo perseguirá a Israel y Dios proveerá un escape para ellos. "La gran águila", en este pasaje, describe a Dios protegiendo a su pueblo. Mucha gente se confunde ya que Estados Unidos tiene el águila como parte del emblema de este país.

El versículo 14 del mismo capítulo dice: "Alas de águilas". Este pasaje cita las mismas palabras usadas en Éxodo 19:4 para describir cómo Dios sacó a Israel fuera de la esclavitud de Egipto. Lo mismo vemos en Deuteronomio: **"Como un águila que agita el nido y revolotea sobre sus polluelos, que despliega su plumaje y los lleva sobre sus alas".** (Deuteronomio 32:11).

A través de las escrituras podemos ver cómo Dios es llamado el "pájaro que protege". El Salmo 91 lo pone así: **"Solo él puede librarte de las trampas del cazador y de mortíferas plagas, pues te cubrirá con sus plumas y bajo sus alas hallarás refugio".** (Salmos 91:3-4).

David le dice al Señor lo siguiente: **"Cuídame como a la niña de tus ojos; escóndeme, bajo la sombra de tus alas".** (Salmos 17:8).

Salmos 36:7, 57:1, 61:4 y 63:7 nos dan el mismo concepto.

Vemos, por lo tanto, que Apocalipsis 12 no está hablando de Estados Unidos sino más bien de la protección que Dios les dará a los Israelitas en el medio del período de tribulación.

Concluyo este punto con otro pasaje que muchas personas usan para decir que Estados Unidos está en la Biblia. Apocalipsis nos habla de la gran destrucción de Babilonia, esto puede tomarse como una descripción muy parecida a lo que está sucediendo en Estados Unidos hoy en día: **habla de "un imperio corrupto".** (Apocalipsis 18:2).

En el capítulo 17 del libro de Apocalipsis, vemos dos versos que nos hablan de cómo a Babilonia se le conocerá como la nación que dominará la economía. La destrucción de esta nación será, asimismo, el colapso de la economía mundial. Creo que si ponemos suficiente atención nos podemos dar cuenta de que la capital de ese imperio es Roma no Washington D. C. **"¡En esto consisten el entendimiento y la sabiduría! Las siete cabezas son siete colinas sobre las que está sentada esa mujer".** (Apocalipsis 17:9). Cuando hablé del Anticristo expliqué que las 7 colinas son palabras usadas para representar el Imperio Romano.

El otro pasaje dice: **"Porque Dios ha puesto en sus corazones el ejecutar su propósito: que tengan ellos <u>un propósito unánime</u>, y den su reino a la bestia hasta que las palabras de Dios se cumplan".** (Apocalipsis 17:17).

Después de haber estudiado las escrituras no nos cabe duda de que Estados Unidos no es parte de la profecía, la pregunta es: ¿por qué?

Quiero explorar algunas posibilidades con usted y deseo que

esto se nos quede en el corazón ya que debemos orar más que nunca por esta nación.

Isaías 34:2-3 nos dice que todas las naciones serán juzgadas. Jeremías 30:11 nos dice que Dios destruirá a todas las naciones menos a Israel. En ese sentido, podemos decir que Estados Unidos sí está en la Biblia, pero en una forma general; hay, sin embargo, una gran semejanza entre esta nación y la nación de Judá.

Judá fue una nación que se dividió en dos (norte y sur). Cuando el rey Salomón murió, este reino se dividió; el reino del norte fue formado con las 10 tribus, y en sus 208 años de existencia nunca recibió la bendición de Dios.

En cambio, el territorio de Judá del Sur fue bendecido grandemente por Dios; la Biblia nos dice que no solo prosperó increíblemente, sino que la presencia de Dios yacía en ese lugar (Shekinah). Dios prosperó a esta nación por 344 años. Lamentablemente, Judá del Sur dejó de existir porque sus habitantes no obedecieron a Dios.

Fue tanta la bendición que Dios le dio al pueblo de Judá que ellos se sintieron tan orgullosos y pecaron en contra de Dios (lo mismo que hizo Lucifer). El capítulo 36 de 2 Crónicas, es una porción de escritura que nos muestra uno de los pasajes más tristes en la Biblia, ya que nos habla de la decisión de Dios de destruir a su amada Judá. **"Y el SEÑOR, Dios de sus padres, les envió palabra repetidas veces por sus mensajeros, porque Él tenía compasión de su pueblo y de su morada; [16]pero ellos continuamente se burlaban de los mensajeros de Dios, despreciaban sus palabras y se mofaban de sus profetas,**

hasta que subió el furor del SEÑOR contra su pueblo, y ya no hubo remedio". (2 Crónicas 36:15-16).

Si nos ponemos a leer el capítulo 5 del libro de Isaías y los capítulos 5 y 6 del libro de Jeremías, estaremos leyendo sobre la nación de Judá, pero la similitud con Estados Unidos es bastante grande. Los mismos pecados que destruyeron a Judá en ese entonces, son los pecados que están destruyendo a Estados Unidos.

No hay una referencia directa a Estados Unidos, sin embargo, es necesario mencionar algunos aspectos del porqué la Biblia no menciona a esta nación tan poderosa:

Creo que una de las posibles razones sea que Estados Unidos sufra un colapso económico. Es posible que la Biblia no mencione a esta nación porque en los últimos días habrá un colapso económico de tal magnitud que Estados Unidos cesará de ser el país más poderoso del mundo. El Dios real de América ha sido por muchos años "el dinero"; recordemos que servimos a un Dios que es celoso y un Dios que odia la idolatría.

Otra posibilidad puede ser a través de un ataque externo. Es posible que este país vaya a ser destruido por Rusia. En Ezequiel 38 y 39 podemos darnos cuenta de que Rusia será uno de los países que atacará a Israel; Estados Unidos ha sido el único aliado que Israel ha tenido, Rusia podría destruir a Estados Unidos para así poder atacar a Israel sin ningún problema. **"Y enviaré fuego sobre Magog y sobre los que confiados habitan en las costas".** (Ezequiel 39:6). Es muy posible que este pasaje esté hablando de USA "<u>confiados</u> habitan en <u>las</u> <u>costas</u>".

Otra razón puede llegar a ser a través de una deterioración moral. Hoy en día, la gente hace lo que quiere. Desde los años

60, en este país, hemos venido diciendo "si te hace sentir bien hazlo"; esta fue la causa por la que el Imperio Romano cayera y también fue la causa de que la Unión Soviética cayera en 1991. Cuando perdemos la noción de lo que es pecado y lo que no es pecado, Dios nos hará saber que él no está de acuerdo con la brújula moral que estamos usando.

La otra razón por la que Estados Unidos no es mencionado en la Biblia puede ser debido al rapto de la Iglesia. Sin duda alguna que este evento causará un caos total en este país. Estados Unidos tiene el porcentaje más alto de cristianos en el mundo, más que Europa Occidental e Inglaterra juntos, también hay muchos líderes en este país que son cristianos.

Entonces, la respuesta con respecto a si Estados Unidos está en la Biblia es: ¡no! Esa conclusión nos debería llevar a doblar nuestras rodillas todos los días para que los líderes de este país se den cuenta de que Dios es paciente. Es fácil confundir la paciencia con la ignorancia, creemos que Dios no nos ha castigado porque no se da cuenta de lo que está pasando cuando la verdad es que Dios nos está dando la oportunidad para que nos arrepintamos de nuestros pecados y nos volvamos a Él de todo corazón. Dios es celoso y aborrece la idolatría.

Es posible que estas ideas se vean como algo que leemos en un libro de ciencia-ficción, pero eso era lo que pensábamos antes del 11 de septiembre del año 2001; antes de esa fecha, nosotros nunca pensamos que eso podía suceder a la nación más poderosa en el mundo, pero lamentablemente sucedió.

Capítulo IX

El Juicio de Dios

Oración – *Señor, tu palabra nos dice que tú eres justo y que siempre quieres lo mejor para todos nosotros. Sabemos que parte de tu justicia envuelve el juzgar nuestras acciones y motivos, te pido que nos ayudes a tener un temor santo a ti. Ayúdanos a recordar que nuestra conducta debe reflejar tu amor todo el tiempo. Danos la fortaleza y la sabiduría para tomar decisiones que siempre te honrarán y bendecirán a aquellos que están a nuestro alrededor.*

Es necesario e importante considerar lo que nos espera cuando pasemos de esta vida a la otra. Acuérdese que los creyentes no mueren, solo cambian de dirección.

Ya hablé de un lugar celestial (el cielo), y en el capítulo 11 hablaré del infierno, sin embargo, es mi deber hacer énfasis en que una de las cosas que sucede cuando una persona no conoce a Dios, es el hecho de que esta persona muy a menudo tiene un falso concepto de lo que va a suceder en el infierno; muchas veces, el concepto del infierno es que será un lugar donde habrá una gran fiesta, ¡esto es una total equivocación!

Quiero que veamos en detalle lo que le sucederá al CREYENTE cuando salgamos de esta tierra. Lo primero que le voy a decir es, que sí habrá una fiesta, pero será en el cielo no en el infierno, y será más de una fiesta; además, habrá cosas que hoy usted y yo no nos podemos imaginar.

Consideremos esta escritura:

"Sin embargo, como está escrito: Ningún ojo ha visto, ningún oído ha escuchado, ninguna mente humana ha concebido lo que Dios ha preparado para quienes lo aman". (1 Corintios 2:9).

Es importante que pausemos aquí por un segundo. La palabra "aman", en el lenguaje original es la palabra **Agapao** (ἀγαπάω). ¿Por qué es importante mencionar esto?, porque debemos acordarnos de que las escrituras nos dicen que **"no todo el que dice "Señor, Señor, entrará al reino de los cielos".**

Quiero resaltar la importancia de esta palabra porque le va a ayudar mucho en su relación personal con Dios. La palabra **Agapao,** describe a la persona que ha encontrado "gozo en Dios o se deleita en Él". Entonces, esto nos ayuda a ver algo de suma importancia: "Dios ha preparado algo tan increíble que no hay ojo que haya visto, ni oído que haya escuchado, y no existe mente humana que haya concebido lo que Dios ha creado especialmente para aquel que encuentra gozo en Él.

Entonces, leamos de nuevo esta escritura con la correcta traducción de la palabra "aman".

"Sin embargo, como está escrito: Ningún ojo ha visto, ningún oído ha escuchado, ninguna mente humana ha concebido lo que Dios ha preparado para quienes han encontrado gozo en Él". (1 Corintios 2:9).

"Gozo en Él". En este pasaje, Pablo nos da a entender que el verdadero creyente se deleita en Cristo. A veces escucho a personas decir: "Qué gozo ver la creación de Dios", cuando en realidad, nuestro comentario debería representar "el gozo en nuestro creador". La escritura también nos dice que el gozo de Jehová es nuestra fortaleza. (Nehemías 8:10).

Esto es de suma importancia, ya que si entendemos este concepto, podremos obtener lo que Dios ha preparado para nosotros.

Esta es la brújula espiritual que podemos usar en nuestro camino con Dios: ¿Cómo puedo saber si estoy bien o estoy mal con Dios? Las siguientes preguntas nos pueden ayudar con la respuesta: ¿Está mi gozo en el Señor? ¿Es Dios la fuente de mi gozo o hay otras cosas que me deleitan más que Dios? Solo aquellos que se deleitan en el Señor recibirán lo que Él ha preparado para nosotros. Es bueno saber esto ya que, si solo estoy llegando a la iglesia porque lo tengo que hacer, debo reajustar mi vida y así reflejar el gozo de Dios en mí. Yo sé que para alguien que recién está explorando el cristianismo esto puede ser un poco extraño, pero le animo a que siga leyendo.

Las buenas noticias tienen que ver con el hecho de que, si yo no tengo gozo en el Señor, yo le puedo pedir a Dios que me dé este gozo que es tan importante; sin ese gozo no recibiré la herencia de Dios. La Biblia nos dice que, si se lo pedimos, Él nos lo dará.

Yo tengo un concepto muy personal con respecto a lo que Pablo nos dice en 1 Corintios 2:9. Creo que Dios no nos ha mostrado lo que Él ha preparado para cada uno de nosotros en su totalidad, y lo ha hecho intencionalmente. Si tuviéramos una noción, un concepto, una idea "real" de lo que espera a sus hijos, ninguno de nosotros quisiéramos seguir viviendo acá en la tierra. Yo creo que cuando Dios nos muestre lo que ha preparado, nosotros vamos a decir: "si hubiese sabido que esto me estaba esperando yo hubiese querido venir mucho antes a este lugar".

Por favor, ponga atención a lo siguiente, especialmente si usted es nuevo en su caminar con Dios. A lo mejor, usted ha hecho la decisión de seguir los pasos de Jesús hace poco y lo está haciendo de la mejor manera que puede.

Le quiero dar ánimo para que usted siga sirviendo a Dios, especialmente cuando esté pasando por algo difícil. Habrá ocasiones en su vida cristiana donde llegará a creer que Dios se ha olvidado de usted, Jesús mismo pasó por esto horas antes de ir a la cruz.

"A las tres de la tarde Jesús gritó a voz en cuello: "Eloi, Eloi, ¿lama sabactani? (que significa: "Dios mío, Dios mío, ¿por qué me has desamparado?". (Marcos 15:34).

Todos en esta vida vamos a pasar por momentos de angustia, pero analice lo que le espera a aquellos que deciden ser tenaces: **"Porque es necesario que todos comparezcamos ante el tribunal de Cristo, para que <u>cada uno</u> reciba lo que le corresponda, según lo bueno o malo que haya hecho mientras vivió en el cuerpo".** (2 Corintios 5:10). Habrá un tribunal encabezado por nuestro creador donde tendremos que rendir cuentas y las consecuencias serán eternas.

Si el rapto sucede hoy, llegaremos enfrente del trono de Dios en el cielo y esto es lo que tomará lugar inmediatamente al llegar a Su presencia:

Apareceremos enfrente del Padre sin tacha. **"Y a Aquél que es poderoso para guardarlos a ustedes sin caída y para presentarlos sin mancha en presencia de Su gloria con gran alegría".** (Judas 1:24).

Jesús nos reconocerá enfrente de su Padre y de sus ángeles. **"El que salga vencedor se vestirá de blanco. Jamás borraré su nombre del libro de la vida, sino que reconoceré su nombre delante de mi Padre y delante de sus ángeles".** (Apocalipsis 3:5).

Se nos dará honor. **"Quien quiera servirme, debe seguirme; y donde yo esté, allí también estará mi siervo. A quien me sirva, mi Padre lo honrará".** (Juan 12:26).

Seremos restaurados, fortalecidos, se nos hará firmes y estables. **"Y después de que ustedes hayan sufrido un poco de tiempo, Dios mismo, el Dios de toda gracia que los llamó a su gloria eterna en Cristo, los restaurará y los hará fuertes, firmes y estables".** (1 Pedro 5:10).

Seremos finalmente adoptados como hijos de Dios. **"Y no sólo ella, sino que también nosotros mismos, que tenemos las primicias del Espíritu, aun nosotros mismos gemimos en nuestro interior, aguardando ansiosamente la adopción como hijos, la redención de nuestro cuerpo".** (Romanos 8:23).

Recibiremos consolación por nuestro llanto aquí en la tierra. **"Bienaventurados los que lloran, pues ellos serán consolados".** (Mateo 5:4).

Se le dará satisfacción a aquellos que deseaban justicia. **"Bienaventurados los que tienen hambre y sed de justicia, pues ellos serán saciados".** (Mateo 5:6).

Aquellos que mostraron compasión en la tierra recibirán compasión en el cielo. **"Bienaventurados los misericordiosos, pues ellos recibirán misericordia".** (Mateo 5:7).

Aquellos que fueron perseguidos por ser cristianos recibirán recompensa. Muchos han recibido abuso en el trabajo, en su país natal, en este país, e incluso en su propia familia. **"Bienaventurados aquellos que han sido perseguidos por causa de la justicia, pues de ellos es el reino de los cielos. 11Bienaventurados serán cuando los insulten y persigan, y digan todo género de mal contra ustedes falsamente, por causa de Mí. 12Regocíjense y alégrense, porque la recompensa de ustedes en los cielos es grande, porque así persiguieron a los profetas que fueron antes que ustedes".** (Mateo 5:10-12).

Aquellos que se sacrificaron por la causa de Dios recibirán grandes dádivas y vida eterna. **"Y todo el que haya dejado casas, o hermanos, o hermanas, o padre, o madre o hijos o tierras por Mi nombre, recibirá cien veces más, y heredará la vida eterna".** (Mateo 19:29).

Mire lo que le pasará al que se humille en la tierra. **"Así pues, cualquiera que se humille como este niño, ése es el mayor en el reino de los cielos".** (Mateo 18:4).

Sigamos. ¿Qué sucede si muero antes del rapto? Al llegar al cielo también llegaremos al lugar donde Jesús estará sentado (**juicio Bema**). Es en ese lugar donde vamos a recibir el juicio de Dios con respecto a lo que hemos hecho en la tierra; para el creyente, no será juicio de salvación. Cuando usted hace confesión de fe en Cristo y cumple con la voluntad de Él, está asegurando su futuro en el paraíso por toda la eternidad, ese día seremos recompensados por nuestras obras. De acuerdo a 2 Corintios, todos los redimidos recibirán recompensas basadas en lo que hicieron en la tierra. **"Porque todos nosotros debemos comparecer ante el tribunal de Cristo, para que cada uno sea recompensado por sus hechos estando en el cuerpo, de acuerdo con lo que hizo, sea bueno o sea malo".** (2 Corintios 5:10).

El Nuevo Testamento también nos dice que recibiremos un premio (corona) que durará para siempre. **"¿No saben que los que corren en el estadio, todos en verdad corren, pero solo uno obtiene el premio? Corran de tal modo que ganen. 25Y todo el que compite en los juegos se abstiene de todo. Ellos lo hacen para recibir una corona corruptible, pero nosotros, una incorruptible. 26Por tanto, yo de esta manera corro, no como sin tener meta; de esta manera peleo, no como dando golpes al aire, 27sino que golpeo mi cuerpo y lo hago mi esclavo, no sea que habiendo predicado a otros, yo mismo sea descalificado".** (1 Corintios 9:24-27).

Tesalonicenses 2:19-20 (RVC), nos dice que recibiremos una corona por haber traído almas a los pies de Cristo. **"Porque ¿cuál es nuestra esperanza o gozo delante de nuestro Señor Jesucristo? ¿De qué corona puedo vanagloriarme cuando él venga, si no es de ustedes? 20Porque son ustedes el motivo de nuestro orgullo y de nuestro gozo".**

Timoteo alienta a aquellos que esperaron la venida de Jesús con gozo, este pasaje nos dice que recibiremos una corona de justicia. **"Lo que ahora me espera en el cielo es la corona galardón de** justicia, que el Señor, el justo Juez, me tiene reservada para el día de su regreso. Una corona que no solamente me entregará a mí, sino a todos los que anhelan su venida". (2 Timoteo 4:8).

"Dichoso el que resiste la tentación porque al salir aprobado, recibirá la corona de la vida que Dios ha prometido a quienes lo aman". (Santiago 1:12).

Ahí está esa palabra de nuevo: Agapao (ἀγαπάω), es decir, aquellos que se deleitan en Él.

Los pastores y los que sirven en el ministerio como ancianos recibirán la corona de gloria. **"Permitidme que ahora dirija unas palabras a los ancianos que se encuentran entre vosotros. Yo, que también soy anciano, que con mis propios ojos vi morir a Cristo en la cruz y que participaré de la gloria que ha de ser revelada cuando él regrese, os suplico: ²Cuidad de la grey de Dios en medio de la cual estáis. Atendedla de buena gana, no a regañadientes ni por afán de lucro, sino con toda solicitud. ³No tratéis a quienes han sido encomendados a vuestro cuidado como si fuerais sus dueños, sino guiadlos dándoles buen ejemplo con vuestra propia conducta. ⁴Así, cuando regrese el Príncipe de los pastores, recibiréis una corona gloriosa e incorruptible".** (1 Pedro 5:1-4).

Como si esto fuera poco, habrá otro evento que usted no va a querer perderse. El último libro en el Nuevo Testamento nos dice que todos los redimidos recibirán una invitación al final de la tribulación para que asistamos a la fiesta más espectacular en la historia del mundo. **"Alegrémonos, regocijémonos y démosle gloria, porque ya han llegado las bodas del Cordero y la novia está dispuesta: ⁸se le ha dado que se vista del lino más puro, limpio y resplandeciente, del lino que simboliza las buenas** obras del pueblo de Dios. ⁹Entonces el ángel me pidió que escribiera estas palabras: Dichosos los que son convidados a la cena de las bodas del Cordero. Y me dijo: Estas son palabras verdaderas que proceden de Dios". (Apocalipsis 19:7-9).

El lino fino representa las acciones justas de los santos, ¿quiénes son los santos?, ¡los redimidos son los santos!, es decir, los que han puesto su fe en Jesús. Entre más bendición seamos a otros más recompensas tendremos en el cielo, y serán recompensas eternas. Al ver la casa que Dios nos dio a mi esposa y a mí aquí en la ciudad de Reno, me tengo que acordar que es una casa temporal, no es una casa eterna. Las recompensas que Dios tiene para usted son buenas y son eternas.

Esta fiesta sucederá al final del período de la tribulación y antes de que Jesús venga a reinar en la tierra por mil años.

La Biblia nos dice que reinaremos con Jesús. Acuérdese de esta promesa, especialmente, si está pasando por una situación difícil por causa de su fe: **"Si sufrimos, reinaremos también con él".** (2 Timoteo 2:12).

Ahora, lea lo que encontramos en Apocalipsis: **"Al que venza y se mantenga hasta el fin haciendo lo que me agrada, le daré autoridad sobre las naciones".** (Apocalipsis 2:26).

Ejerceremos diferentes grados de autoridad y poder. **"Cuando Jesús entró en Jericó, pasaba por la ciudad. ²Y un hombre llamado Zaqueo, que era jefe de los recaudadores de impuestos y era rico, ³trataba de ver quién era Jesús, pero no podía a causa de la multitud, ya que Zaqueo era de pequeña estatura. ⁴Corriendo delante, se subió a un árbol sicomoro y así lo podría ver, porque Jesús estaba a punto de pasar** por allí. [5]Cuando Jesús llegó al lugar, miró hacia arriba y le dijo: "Zaqueo, date prisa y desciende, porque hoy debo quedarme en tu casa". [6]Entonces él se apresuró a descender y lo recibió con gozo. [7]Al ver esto, todos murmuraban: "Ha ido a hospedarse con un hombre pecador". [8]Pero Zaqueo, puesto en pie, dijo a Jesús: "Señor, la mitad de mis bienes daré a los pobres, y si en algo he defraudado a alguien, se lo restituiré cuadruplicado". [9]"Hoy ha venido la salvación a esta casa", le dijo Jesús, "ya que él también es hijo de Abraham; [10]porque el Hijo del Hombre ha venido a buscar y a salvar lo que se había perdido".

Parábola de las Minas:

[11]Estando ellos oyendo estas cosas, Jesús continuó diciendo una parábola, porque Él estaba cerca de Jerusalén y ellos pensaban que el reino de Dios iba a aparecer de un momento a otro. [12]Por eso dijo: "Cierto hombre de familia noble fue a un país lejano a recibir un reino para sí y después volver. [13]Llamando a diez de sus siervos, les repartió diez minas (salario de unos mil días) y les dijo: 'Negocien con esto hasta que yo regrese'. [14]Pero sus ciudadanos lo odiaban, y enviaron una delegación tras él, diciendo: 'No queremos que éste reine sobre nosotros'. [15]Y al regresar él, después de haber recibido el reino, mandó llamar a su presencia a aquellos siervos a los cuales había dado el dinero, para saber lo que habían ganado negociando. [16]Se presentó el primero, diciendo: 'Señor, su moneda se ha multiplicado diez veces'. [17]Y él le dijo: 'Bien hecho, buen siervo, puesto que has sido fiel en lo muy poco, ten autoridad sobre diez ciudades'. [18]Entonces vino el segundo, diciendo: 'Su moneda, señor, se ha multiplicado cinco veces'. [19]Dijo también a éste: 'Y tú vas a estar sobre cinco ciudades'. [20]Y vino otro, diciendo: 'Señor, aquí está su moneda, que

he tenido guardada en un pañuelo; ²¹pues a usted le tenía miedo, porque es un hombre exigente, que recoge lo que no depositó y siega lo que no sembró'. ²²Él le contestó: 'Siervo inútil, por tus propias palabras te voy a juzgar. ¿Sabías que yo soy un hombre exigente, que recojo lo que no deposité y siego lo que no sembré? ²³Entonces, ¿por qué no pusiste mi dinero en el banco, y al volver yo, lo hubiera recibido con los intereses?' ²⁴Y dijo a los que estaban presentes: 'Quítenle la moneda y dénsela al que tiene las diez monedas'. ²⁵Ellos le dijeron: 'Señor, él ya tiene diez monedas'. ²⁶Les digo, que a cualquiera que tiene, más le será dado, pero al que no tiene, aun lo que tiene se le quitará. ²⁷Pero a estos mis enemigos, que no querían que reinara sobre ellos, tráiganlos acá y mátenlos delante de mí". (Lucas 19:1-27).

Durante este período de tiempo, los redimidos serán glorificados juntos con Jesús. **"Y pues que somos sus hijos, somos también sus herederos, herederos de Dios y coherederos con Cristo, para compartir con él las riquezas de su gloria habiendo compartido también sus sufrimientos".** (Romanos 8:17).

¡Habrá otro juicio en la tierra! Si el rapto ha ocurrido y nos hemos ido con Cristo, no tendremos que pasar por ese juicio. Este juicio ocurre en la segunda venida de Cristo. El libro de Mateo habla sobre las ovejas y las cabras: **"Cuando el Hijo del hombre venga en su gloria y en compañía de todos los santos ángeles, se sentará en su trono de gloria, ³²y todas las naciones se reunirán delante de él. Separará a unas gentes de otras, como el pastor separa las ovejas de los cabritos: ³³pondrá las ovejas a su mano derecha, y los cabritos a su mano izquierda. ³⁴Luego dirá el Rey a los de su derecha: Venid, benditos de mi Padre, y heredad el reino que está preparado para vosotros desde que el mundo es mundo. ³⁵Porque tuve hambre y me** disteis de comer, tuve sed y me disteis de beber, fui forastero y me acogisteis en vuestras casas, [36]estuve desnudo y me disteis ropa, enfermo y me visitasteis, encarcelado y vinisteis a verme. [37]Entonces los justos le preguntarán: Señor, ¿cuándo te vimos hambriento y te alimentamos, o sediento y te dimos de beber? [38]¿Cuándo te vimos forastero y te acogimos en nuestras casas, o desnudo y te dimos ropa? [39]¿Y cuándo te vimos enfermo o encarcelado y fuimos a visitarte? [40]El Rey les responderá diciendo: De veras os digo que todo lo que hicisteis a uno de estos mis hermanos menores, a mí lo hicisteis. [41]Después dirá a los de su izquierda: ¡Apartaos de mí, malditos, al fuego eterno preparado para el diablo y sus ángeles! [42]Porque tuve hambre y no me disteis de comer, tuve sed y no me disteis de beber, [43]fui forastero y no me acogisteis, estuve desnudo y no me disteis ropa, enfermo y encarcelado y no me visitasteis. [44]Entonces también ellos le responderán: Señor, ¿cuándo te vimos hambriento o sediento, forastero o desnudo, enfermo o encarcelado, y no te ayudamos? [45]Y entonces él les responderá diciendo: De veras os digo que por cuanto no lo hicisteis a uno de estos mis hermanos menores, tampoco a mí lo hicisteis. [46]Por tanto, estos irán al castigo eterno, y los justos a la vida eterna". (Mateo 25:31-46). Este pasaje de la escritura está revelando el juicio de las naciones. (Vea el diagrama de dispensación).

"Porque es necesario que todos nosotros comparezcamos ante el tribunal de Cristo, para que cada uno reciba según lo que haya hecho mientras estaba en el cuerpo, sea bueno o sea malo". (2 Corintios 5:10). En el contexto de esta escritura está claro que se refiere a cristianos y no a los incrédulos. El Tribunal de Cristo no determina la salvación, esa fue determinada por el sacrificio de Cristo a nuestro favor (1 Juan 2:2), y nuestra fe en Él (Juan 3:16). Todos nuestros pecados están perdonados y nunca seremos condenados por ellos (Romanos 8:1). No debemos mirar el Tribunal de Cristo como el juicio de Dios a nuestros pecados, sino más bien, como la recompensa de Dios para nuestra vida, tendremos que dar cuenta por nuestras acciones, no hay duda de eso; parte de esto seguramente será responder por los pecados que cometimos, sin embargo, ese no va a ser el enfoque principal en el Tribunal de Cristo.

En el Tribunal de Cristo, los creyentes son recompensados en base a cuán fielmente sirvieron a Cristo (1 Corintios 9:4-27; 2 Timoteo 2:5). Las cosas por las que creo que seremos juzgados serán: qué tan bien obedecimos a la Gran Comisión (Mateo 28:18-20), qué tan victoriosos fuimos sobre el pecado (Romanos 6:1-4), qué tanto controlamos nuestra lengua (Santiago 3:1-9), etc. Las diferentes coronas son descritas en 2 Timoteo 2:5; 2 Timoteo 4:8; Santiago 1:12; 1 Pedro 5:4 y Apocalipsis 2:10.

Santiago 1:12, hace un buen resumen de cómo debemos pensar acerca del Tribunal de Cristo: **"Bienaventurado el varón que soporta la tentación; porque cuando haya resistido la prueba, recibirá la corona de vida que Dios ha prometido a los que le aman".**

CAPÍTULO X

El Milenio

Oración – *Señor, ayúdanos a tener una actitud que representa una vida eterna. Ayúdanos a hacer decisiones de excelencia ya que serán esas decisiones las cuales afectarán nuestra eternidad. Ayúdanos a recordar que esta vida es temporal y lo que durará toda la eternidad es la vida venidera.*

Cuando nos referimos a "La Escatología", es decir, el estudio de los últimos días, que es lo que hemos estado tratando, encontramos que para muchos existe algo que no tiene sentido, me refiero al "Milenio", (mire el diagrama de dispensación en la página 63). La pregunta lógica es, ¿por qué tenemos que tener mil años?, hemos pasado por tantas pruebas y dificultades, ¿de qué se trata esto?, ¿qué significa esto para el creyente? Hay muchas preguntas y espero poder contestarlas en este capítulo.

He hablado del juicio de Dios o lo que también es conocido como "el Tribunal de Cristo".

Repasemos esto antes de entrar de lleno al propósito del Milenio ya que es importante que esto quede muy claro en nuestras mentes.

En la parte final del capítulo anterior, se trató el tema sobre el Tribunal de Cristo en el que se juzgará a las naciones cuando se produzca la segunda venida de Cristo. En dicho Tribunal, no se hará referencia a la salvación porque ésta ya fue cubierta por nuestro Señor Jesucristo mediante su sacrificio de amor y sangre (1 Juan 2:2), el enfoque principal va a estar dirigido a las recompensas que están preparadas para el creyente fiel que vivió por fe una vida agradable a Dios (1 Corintios 9:4-27; 2 Timoteo 2:5); es decir, el que tuvo una vida entregada totalmente a Dios, en obediencia, en amor, guardando sus mandamientos, haciendo la voluntad del Padre, deseando el pronto retorno de Cristo, el encuentro con el Amado.

"Y el espíritu y la Esposa dicen: Ven. Y el que oye diga: Ven. Y el que tiene sed, venga; y el que quiera, tome del agua de la vida gratuitamente". (Apocalipsis 22:17).

Hablemos entonces del Milenio y contestemos la pregunta del por qué tienen que haber mil años aquí en la tierra. Creo que hay dos razones fundamentales, una tiene que ver con Su promesa al Pueblo Judío, Dios ha prometido bendecir a su iglesia a través del pueblo judío. **"Y muchos pueblos y potentes naciones vendrán a Jerusalén en busca del Señor Todopoderoso y de su bendición."** [23] **Así dice el Señor Todopoderoso: "En aquellos días habrá mucha gente, de todo idioma y de toda nación, que tomará a un judío por el borde de su capa y le dirá: ¡Déjanos acompañarte! ¡Hemos sabido que Dios está con ustedes!"** (Zacarías 8:22-23).

La otra razón tiene que ver con Su promesa a Su novia, es decir, a la iglesia. En el libro de Daniel, vemos cómo Dios usó a este profeta para impartir esta promesa a la iglesia: "**Entonces se dará a los santos, que son el pueblo del Altísimo, la majestad y el poder y la grandeza de los reinos. Su reino será un reino eterno, y lo adorarán y obedecerán todos los gobernantes de la tierra**". (Daniel 7:27).

No solo escuchamos esta promesa a través de un profeta del Antiguo Testamento, sino que también, Dios usó a un Apóstol del Nuevo Testamento para reafirmar su palabra; Pablo nos dice lo siguiente: "**Si resistimos, también reinaremos con él**". (2 Timoteo 2:12).

Como si esto fuera poco, en el libro de Apocalipsis, Jesús mismo reitera estas palabras en su carta a una de las 7 iglesias de Asia Menor. "**Al que salga vencedor y cumpla mi voluntad hasta el fin, le daré autoridad sobre las naciones, así como yo la he recibido de mi Padre**". (Apocalipsis 2:26-27).

Cuando Juan fue llevado a los cielos, él escuchó ángeles que cantaban este verso: "**De ellos hiciste un reino; los hiciste sacerdotes al servicio de nuestro Dios, y reinarán sobre la tierra**". (Apocalipsis 5:10).

Es mi oración que quede en claro que una de las razones que Dios tiene para estos mil años, es que nosotros reinemos con Él. No sé si usted alguna vez ha soñado en ser un rey, pero me gustaría que pensara: si usted fuera rey de una nación, ¿a quién pondría a cargo de hacer cosas en su reino?, yo pondría a cargo a aquellos que me han demostrado su fidelidad. "**Dichosos los humildes, porque recibirán la tierra como herencia**". (Mateo 5:5).

La otra razón tiene que ver con la promesa que Dios nos hace de darnos Su paz. A través de la historia del mundo lo que más ha deseado el humano es tener paz. Por generaciones, las naciones se han reunido para tener conferencias de paz una y otra vez. Lamentablemente, porque hemos sacado a Dios de la ecuación, hemos llegado a tener dos guerras mundiales y un sin fin de diferentes guerras en diferentes países del mundo. Estados Unidos ha estado envuelto en más de 15 conflictos internaciones incluyendo las dos guerras mundiales, Vietnam, Corea, El Golfo y últimamente Irán, Afganistán y Libia.

No hemos podido obtener la paz, pero Dios nos promete paz, una paz mundial donde la justicia y la santidad será lo predominante en la tierra. En el libro de Isaías leímos lo siguiente: "**Él juzgará entre las naciones y será árbitro de muchos pueblos. Convertirán sus espadas en arados y sus lanzas en hoces. No levantará espada nación contra nación, y nunca más se adiestrarán para la guerra**". (Isaías 2:4).

Esto implica que habrá paz, pero también implica que trabajaremos la tierra ya que las armas se convertirán en herramientas. Aunque no hemos podido obtener la paz, Dios nos promete paz, una paz mundial donde la justicia y la santidad serán lo predominante en la tierra.

En el libro de Juan, Jesús habló de la paz interior que todo creyente está llamado a vivir: "**La paz os dejo, mi paz os doy; yo no os la doy como el mundo la da. No se turbe vuestro corazón, ni tenga miedo**". (Juan 14:27). El creyente debe estar confiado en las recompensas prometidas y vivir cada día con fe y esperanza.

Isaías nos amplía un poco más sobre lo que nos espera: "**No harán ningún daño ni estrago en todo mi monte santo, porque rebosará la tierra con el conocimiento del Señor". (Isaías 11:9). Por mil años, no habrá conocimiento de armas o del arte de guerra y tampoco tendremos que tener el conocimiento de defendernos porque la paz reinará sobre la humanidad.

La otra razón tiene que ver con el hecho de que la tierra, después de que Adán y Eva pecaran, quedó bajo maldición. Génesis lo dice así: **"Al hombre le dijo: Por cuanto le hiciste caso a tu mujer, y comiste del árbol del que te prohibí comer, ¡maldita será la tierra por tu culpa!"** (Génesis 3:17).

Lea conmigo este pasaje en el libro de Romanos: **"Porque el anhelo profundo de la creación es aguardar ansiosamente la revelación de los hijos de Dios. [20]Porque la creación fue sometida a vanidad, no de su propia voluntad, sino por causa de aquel que la sometió, en la esperanza [21]de que la creación misma será también liberada de la esclavitud de la corrupción a la libertad de la gloria de los hijos de Dios. [22]Pues sabemos que la creación entera a una gime y sufre dolores de parto hasta ahora. [23]Y no sólo ella, sino que también nosotros mismos, que tenemos las primicias del Espíritu, aun nosotros mismos gemimos en nuestro interior, aguardando ansiosamente la adopción como hijos, la redención de nuestro cuerpo".** (Romanos 8:19-23).

¿Se da cuenta? La condición de la tierra y de la humanidad está a punto de cambiar; tiene que cambiar porque Dios así lo ha prometido. La condición actual de la tierra no es lo que Dios había intentado desde el principio, el pecado desfiguró el plan de Dios, pero gracias a Dios, Él está a punto de darle a la tierra y a la humanidad un cambio radical completo.

¿Cómo será la tierra cuando esto ocurra?

Isaías nos dice que los animales carnívoros no serán ya carnívoros. **"El lobo morará con el cordero, y el leopardo se echará con el cabrito; el becerro, el leoncillo el animal doméstico andarán juntos, y un niño los conducirá. [7]La vaca y la osa pacerán, sus crías se echarán juntas, y el león, como el buey, comerá paja".** (Isaías 11:6-7). Isaías también nos dice que ya no habrá animales venenosos. **"El niño de pecho jugará junto a la cueva de la cobra, y el niño destetado extenderá su mano sobre la guarida de la víbora. [9]No dañarán ni destruirán en todo mi santo monte, porque la tierra estará llena del conocimiento del SEÑOR, como las aguas cubren el mar".** (Isaías 11:8-9).

La tierra de Israel será completamente transformada (nuestra futura casa). **"Haré un pacto de paz con ellos y eliminaré de la tierra las bestias feroces, para que habiten seguros en el desierto y duerman en los bosques. [26]Y haré de ellos y de los alrededores de mi collado una bendición. Haré descender lluvias a su tiempo; serán lluvias de bendición. [27]El árbol del campo dará su fruto y la tierra dará sus productos, y ellos estarán seguros en su tierra. Y sabrán que yo soy el SEÑOR cuando yo quiebre las varas de su yugo y los libre de la mano de los que los han esclavizado. [28]No serán más presa de las naciones, y las fieras de la tierra no los devorarán; sino que habitarán seguros y nadie los atemorizará. [29]Y estableceré para ellos un plantío de renombre, y no serán más víctimas del hambre en la tierra, ni sufrirán más los insultos de las naciones. [30]Entonces sabrán que yo, el SEÑOR su Dios, estoy con ellos, y que ellos, la casa de Israel, son mi pueblo --declara el Señor DIOS. [31]Vosotras, ovejas mías, sois el rebaño de mi prado, hombres sois, y yo soy vuestro Dios - declara el Señor DIOS".** (Ezequiel 34:25-31).

No habrá desolación. Tendremos un lugar como el jardín

del Edén. "**Y dirán: Esta tierra desolada se ha hecho como el huerto del Edén; y las ciudades desiertas, desoladas y arruinadas están fortificadas y habitadas**". (Ezequiel 36:35).

La otra razón tiene que ver con la promesa que Dios le hizo a Jesús. Dios Padre le prometió a Jesús que Él regresaría a manifestar su gloria. En los libros de Daniel 7:13-14, Isaías 2:2-4 y Zacarías 14:1-9, vemos que Dios Padre le ha prometido a Jesús que Él tendrá dominio de toda nación y que Él reinará desde el Monte Sión en Jerusalén.

La Biblia nos habla que Dios Padre establecerá a su hijo para que reine desde el Monte Sión. Es importante que entendamos esto, Jesús ha sido ungido como el Rey de reyes y el Señor de señores, pero él todavía no ha comenzado a reinar; el caso es similar a David. David había sido ungido para ser el rey de Israel, pero tuvo que esperar varios años para comenzar a reinar como tal.

El papel que Jesús desempeña en estos momentos es el de Sumo Sacerdote. Mire conmigo Hebreos 8:1: "...**es que tenemos tal sumo sacerdote, aquel que se sentó a la derecha del trono de la Majestad en el cielo**".

"**Entonces vi el cielo abierto, y había allí un caballo blanco. Su jinete se llamaba Fiel y Verdadero, porque juzga con rectitud y hace una guerra justa. [12]Sus ojos eran como llamas de fuego, y llevaba muchas coronas en la cabeza. Tenía escrito un nombre que nadie entendía excepto él mismo. [13]Llevaba puesta una túnica bañada de sangre, y su título era «la Palabra de Dios». [14]Los ejércitos del cielo vestidos de lino blanco y puro de la más alta calidad lo seguían en caballos blancos. [15]De su boca salía una espada afilada para derribar a las naciones. Él las gobernará con vara de hierro y desatará el furor de la ira** de Dios, el Todopoderoso, como el jugo que corre del lagar. ¹⁶En la túnica, a la altura del muslo, estaba escrito el título: «Rey de reyes y Señor de señores»". (Apocalipsis 19:11-16). Este pasaje en el libro de Apocalipsis nos dice que Jesús está en estos momentos esperando para reclamar la autoridad y dominio de su reino.

Por mil años, Satanás estará bajo llave en prisión, después de este período de tiempo él será soltado y engañará a muchos para sublevarse en contra de Jesús. "**Cuando los mil años se cumplan, Satanás será soltado de su prisión, ⁸y saldrá a engañar a las naciones que están en los cuatro extremos de la tierra, a Gog y a Magog, a fin de reunirlas para la batalla; el número de ellas es como la arena del mar. ⁹Y subieron sobre la anchura de la tierra, rodearon el campamento de los santos y la ciudad amada. Pero descendió fuego del cielo y los devoró. ¹⁰Y el diablo que los engañaba fue arrojado al lago de fuego y azufre, donde también están la bestia y el falso profeta; y serán atormentados día y noche por los siglos de los siglos"**. (Apocalipsis 20:7-10).

Ojalá que lo que hemos visto en este capítulo explique el propósito de este período de tiempo que llamamos el "Milenio".

CAPÍTULO XI

El Infierno
(un lugar no para usted)

Oración – *Padre, ayúdanos a no estar confundidos o temerosos sobre este tema y ayúdanos a tener un conocimiento conciso sobre lo que es el infierno. Nuestro deseo es ayudar a otros a entender que este lugar no ha sido diseñado para ellos. Ayúdanos a explicarles que tú tienes algo mucho mejor para aquellos que te sirven y aman.*

En este capítulo hablaré de un tema que no se habla mucho en las iglesias, creo que hasta cierto punto puede ser por falta de conocimiento.

El tema del infierno, aunque es muy incómodo y aterrador para algunos, no debería afectarnos con miedo alguno. El tener a Jesús en nuestras vidas nos hace inmunes de llegar a ese lugar.

Este tema nos incumbe a todos porque, aunque el creyente no va a ir a ese lugar, otros, lamentablemente, sí van a ir. Como cristianos, tenemos una gran obligación, esa obligación es la de dar a conocer las buenas noticias del cielo, las buenas noticias de Dios.

Me acuerdo que hace muchos años atrás yo estaba viviendo mi vida como me daba la gana, lo hacía sin pensar ni saber que me estaba yendo derechito al infierno, pero un día todo cambió. En el verano del año 1984, dos amigos y yo, caminábamos en la playa de Santa Cruz, California, cuando mis amigos se encontraron con unos compañeros de secundaria que tenían una banda de música cristiana; ellos nos invitaron a mis amigos y a mí a un concierto donde iban a estar participando. Ese viernes fuimos al lugar donde la banda estaba tocando música cristiana, y fue ese día cuando mis dos amigos y yo entregamos nuestros corazones al Señor.

Ese día descubrí que mi vida tenía un propósito, descubrí que Dios me había creado con una intención y me di cuenta de que Él tenía un plan para mi vida.

¿Por qué debemos hablar del infierno? ¡Porque debemos tener un conocimiento claro de a dónde no queremos ir!

¿Ha llegado usted a algún lugar en el que inmediatamente se dio cuenta de que no iba a ser una buena experiencia para usted? A lo mejor fue un amigo el que lo invitó a ir a la casa de una persona conocida por él, o tal vez fue a una parte de la ciudad infectada por las drogas y el crimen. En el momento en que usted llegó a ese lugar pudo darse cuenta de que no iba a traer nada bueno para su vida.

Yo he estado en situaciones así y mi reacción inmediata ha sido: "si yo hubiese sabido que este lugar iba a ser así, hubiese hecho lo imposible para no llegar aquí". Es por eso por lo que debemos hablar del infierno, creo que entre más información tengamos sobre este lugar, más haremos para no llegar ahí, y también podremos ayudar a otros para que lo eviten a toda costa.

Creo que hay una responsabilidad muy grande en los hombros de todo creyente. En el libro de Marcos leemos: **"Jesús les dijo: 'Vayan por todo el mundo y anuncien las buenas nuevas a toda criatura. El que crea y sea bautizado será salvo, pero el que no crea será condenado'"**. (Marcos 16:15-16).

Y en el libro de Romanos leemos: **"¡Cuán hermosos son los pies de los que anuncian la paz, de los que anuncian buenas nuevas!"** (Romanos 10:15).

Jesús habló mucho del infierno y lo hizo porque Él no quiere que nadie acabe en ese lugar. ¿Cuándo fue la última vez que usted le habló a alguien del infierno?

Jehová Dios expresa su misericordia al decir: **"Tan cierto como que yo vivo, dice el SEÑOR Soberano, no me complace la muerte de los perversos. Solo quiero que se aparten de su conducta perversa para que vivan. ¡Arrepiéntanse! ¡Apártense de su maldad, oh pueblo de Israel! ¿Por qué habrían de morir?"** (Ezequiel 33:11).

Jesús expuso la parábola del rico y Lázaro; ambos murieron: Lázaro fue al seno de Abraham pero el rico no, y en el evangelio de Lucas vemos su lamento: **"Entonces él, dando voces, dijo: Padre Abraham, ten misericordia de mí, y envía a Lázaro para que moje la punta de su dedo en agua, y refresque mi lengua; porque estoy atormentado en esta llama"**. (Lucas 16:24).

En Mateo 10:28 Jesús enseña y dice: "...**temed más bien a aquel que puede destruir el alma y el cuerpo en el infierno**".

Repito la pregunta: ¿Cuándo fue la última vez que usted le habló a alguien del infierno?

Yo creo que muchas veces la razón por la que uno como creyente no quiere hablarle a otros del infierno es porque tenemos temor de qué dirán de nosotros; a lo mejor van a creer que estoy loco o que soy un fanático o que ya he perdido mi cordura totalmente.

En una oportunidad, tuve que hablarle a la congregación de la iglesia sobre la importancia de movernos en fe y de no dejarnos influenciar por el temor; hablé sobre la importancia de ser personas que saben sembrar. Dios, por ejemplo, nos pide que traigamos nuestros diezmos a su casa. "**Traigan íntegro el diezmo para los fondos del templo, y así habrá alimento en mi casa. Pruébenme en esto "dice el Señor Todopoderoso", y vean si no abro las compuertas del cielo y derramo sobre ustedes bendición hasta que sobreabunde**". (Malaquías 3:10).

La economía había estado muy mal, mucha gente estaba quedando cesante ya que se estaban cortando muchos trabajos por todos lados, comencé a notar que las contribuciones de la iglesia habían bajado sustancialmente y me preocupé ya que vi que dentro de ella estaba creciendo un movimiento muy peligroso. Pude reconocer que la congregación no estaba diezmando como debía porque había dejado entrar temor a sus vidas. El miedo puede afectar al creyente como el virus del polio que afectó al mundo, primordialmente en el siglo 20, matando y paralizando a miles de personas.

Cuando dejamos que el miedo se infiltre en nuestra vida

espiritual vemos una decadencia en esta área, muy peligrosa, y nuestra fe en Dios en vez de aumentar empieza a disminuir. Esto nos va a llevar a un punto en el que ya no vamos a confiar en Dios, y por el contrario, dejaremos que las situaciones externas (la falta de trabajo e ingresos), dicten nuestro diario vivir.

Yo sentí en mi corazón que Dios quería que hablara primero con todos los líderes de la congregación y después con toda la iglesia sobre lo que estaba observando, pero yo no quería hacer lo que estaba sintiendo; me resistí, sin embargo, después de un corto tiempo recapacité y hablé con todos. No lo quería hacer porque en lo más profundo de mí ser tenía gran orgullo. ¿Qué va a decir la gente de mí?: "¡Te dije, el pastor Leo es como todos los demás, siempre detrás del dinero!, ¡todo lo que quiere es nuestro dinero!". Yo sabía que debía superar esta manera de pensar porque el bienestar de la iglesia estaba en peligro.

Logré superar eso y después de hablar con todos los líderes de la iglesia y la congregación en general, he podido ver cómo ésta sigue operando en fe y no está basando sus decisiones en las circunstancias. Las circunstancias nunca deben dictar nuestra fe, sino que es nuestra fe la que debe estar sobre todas nuestras circunstancias. Lo mismo debe suceder cuando se trata de hablar a otros sobre el infierno, y no solo del infierno sino de todo lo que nos espera en esta vida y en la venidera.

La Biblia nos da un panorama muy claro (y también muy fuerte), de este lugar. Lea conmigo las diferentes ilustraciones que podemos encontrar en las páginas de las Sagradas Escrituras sobre el infierno:

El Sepulcro

"Tú, Señor, me sacaste del sepulcro". (Salmos 30:3).

"¿Qué ganas tú con que yo muera, con que descienda yo al sepulcro?" (Salmos 30:9).

"...mas tú, oh Dios, harás descender aquellos al pozo de la sepultura". (Salmos 55:23).

"Un sepulcro". Mi madre siempre me dijo: "a mí no me importa morir, pero asegúrate que esté bien muerta antes de echarme al sepulcro". "Sepulcro", hasta la palabra es fea, implica un lugar sin salida. Hay versiones de la Biblia que, en lugar de escribir sepulcro, escriben "pozo de destrucción".

Un lugar sin paz

"No hay paz para los malvados —dice mi Dios—". (Isaías 57:21).

"Cuando la desesperación los atrape, en vano buscarán la paz". (Ezequiel 7:25).

Un lugar de tormento

"¿De qué les servirá ese día si va a ser de oscuridad y no de luz? Será como cuando alguien huye de un león y se le viene encima un oso, o como cuando al llegar a su casa, apoya la mano en la pared y lo muerde una serpiente". (Amos 5:18-19).

Un lugar con gusanos

"¡En el polvo yacen unos y otros, todos ellos cubiertos de gusanos!" (Job 21:26).

"Ha sido arrojada al sepulcro, junto con el sonido de tus arpas. ¡Duermes entre gusanos, y te cubren las lombrices!" (Isaías 14:11).

Un lugar sin esperanza

"Muere el malvado, y con él su esperanza; muere también su ilusión de poder". (Proverbios 11:7).

Un lugar de fuego

"Hará llover sobre los malvados ardientes brasas y candente azufre; ¡un viento abrasador será su suerte!". (Salmos 11:6).

Dios nos pide que vivamos sabiamente, siguiendo la paz con todos y viviendo una vida en santidad para que algún día le podemos ver.

"...cualquiera que se enoje contra su hermano, será culpable de juicio; y cualquiera que diga: Necio, a su hermano, será culpable ante el concilio; y cualquiera que le diga: Fatuo, quedará expuesto al infierno de fuego". (Mateo 5:22).

Mateo 13:42, lo pone así: "Y los ángeles los arrojarán al horno ardiente, donde habrá llanto y rechinar de dientes".

1 Samuel 2:9 tiene esto que decir: "Él protegerá a sus fieles, pero los perversos desaparecerán en la oscuridad".

Y mire a Job 18:18. "Serán sacados de la luz, arrojados a las tinieblas y expulsados del mundo".

La Biblia es clara y nos dice que habrá diferentes clases de castigos. Dios no ve todo pecado igual. Una persona que roba unos aros no es lo mismo que un hombre que violó a una muchachita de 13 años. Todo pecado nos lleva a la muerte, pero no todos los pecados son iguales a los ojos de Dios y por eso hay diferentes castigos para ello.

"¿Cuánto mayor castigo piensan ustedes que merece el que ha pisoteado al Hijo de Dios…?" (Hebreos 10:28).

"Pero el que se mantenga firme hasta el fin será salvo". (Mateo 24:13).

¿Salvo de qué? **"Los arrojarán al horno encendido, donde habrá llanto y rechinar de dientes".** (Mateo 13:42).

Hace un tiempo atrás leí un libro que me llamó mucho la atención, éste fue escrito por el señor Bill Wiese y su título es "23 minutos en el infierno". En el capítulo uno, el señor Wiese describe lo que él dice que le sucedió el día 22 de noviembre de 1998; cuenta que ese día fue llevado a lo que nosotros conocemos como el infierno y estuvo ahí por 23 minutos. No voy a entrar en muchos detalles, pero en este capítulo, Wiese describe algunas cosas que creo están en línea con las escrituras y es de suma importancia que las mencionemos.

Wiese, dice en la página 24 del capítulo uno, que él había llegado a una celda y al llegar a ese lugar describe lo siguiente: "Yo quería con desesperación levantarme y salir corriendo, pero mientras estaba en aquel horrible piso de la celda observé que mi cuerpo carecía por completo de fuerza, apenas podía moverme. ¿Por qué no tenía fuerzas?, me sentía indefenso. El Salmo 88:4 dice: **"Soy contado entre los que descienden al sepulcro; soy como un hombre sin fuerza".**

En otra página del mismo capítulo él dice lo siguiente: "Una criatura me levantó, la fuerza de la bestia era asombrosa, yo podía compararme al peso de un vaso de agua en su mano. Marcos 5:3 4 describe a un hombre poseído por un demonio con estas palabras: "…nadie podía atarle, ni aun con cadenas".

Wiese, dice que él le rogó a esta criatura por misericordia, y cuenta: "Rogué por misericordia, pero no hubo absolutamente nada de misericordia, ellos parecían ser incapaces de mostrarla, era maldad pura. La misericordia viene del Dios del cielo, la angustia mental que sentí era indescriptible y pedir misericordia solamente pareció aumentar su deseo de atormentarme más".

Yo no sé cómo una persona puede ser llevada al infierno, mental y teológicamente yo no puedo comprender cómo eso puede suceder; lo que sí sé con toda certeza, es que el infierno es un lugar real que tiene como propósito el sufrimiento de aquellos que han rechazado a Dios en su vida.

___ *Bill Wiese - 23 minutos en el infierno. Casa Creación 2006.*

CAPÍTULO XII

¿Qué Hago Mientras Espero?

Oración – *Señor, es mi deseo estar preparado como tú me lo pides. Pido tu fortaleza para no solo estar bien yo sino para poder tener la sabiduría, la fortaleza y tu unción para ayudar a otros a estar preparados también. Ayúdame a dar tu palabra, presentar la salvación que solo se encuentra en Jesús y poder hacer discípulos de aquellos que han recibido a Jesús por fe.*

Hemos hablado de:

El hecho de que somos seres eternos.
El Cielo/Paraíso.
Israel.
Un Nuevo Orden Mundial.
Satanás, el Anticristo y el Falso Profeta.
El Rapto.
Razones del porqué el rapto está cerca.
¿Qué dice la Biblia sobre Estados Unidos?

El Juicio de Dios.
El Milenio.
El Infierno.

La información que hemos recibido ha sido bastante difícil de comprender para algunos, mi objetivo ha sido el de presentar estos hechos proféticos de la manera más simple para que así todos capten el mensaje.

Volviendo al tema del Milenio, quiero hablar del hecho de que al final de los mil años, Satanás será desatado y tentará a muchos.

"Cuando se cumplan los mil años, Satanás será liberado de su prisión, y saldrá para engañar a las naciones que están en los cuatro ángulos de la tierra a Gog y a Magog, a fin de reunirlas para la batalla. Su número será como el de las arenas del mar". (Apocalipsis 20:7-9).

La pregunta es: ¿Quiénes son los que serán engañados? Sabemos que aquellos que se quedan en la tierra y entregan su vida a Jesús durante los 7 años de tribulación, pasarán a reinar con Jesús directamente al período que nosotros conocemos como el Milenio (si sobreviven). Debido al hecho de que estas personas no fueron parte del rapto, ellos no tendrán cuerpos glorificados; estas personas podrán procrearse y es por eso por lo que durante los mil años habrá bebés en este mundo, estos bebés, al crecer tendrán la oportunidad de seguir a Cristo o de no seguirle. De acuerdo a Isaías 11:6-7 y 65:20, es posible que lo que Apocalipsis 20:8 nos dice "**Su número será como el de las arenas del mar**", se refiera a personas menores de 1000 años de edad.

El punto que quiero enfatizar es, que entre más escudriñamos las escrituras, más vamos a encontrar y entender sobre lo que

Dios nos tiene preparado. Las escrituras no mienten, porque vienen de Dios y el carácter de Dios no es el de alguien que mienta o que se arrepienta.

Alguien me preguntó sobre el famoso número que los Testigos de Jehová usan, es decir, el número 144,000. Los testigos de Jehová creen que solamente este número entrará al reino de los cielos, sin embargo, las escrituras nos dicen algo diferente.

Apocalipsis 7:1,4 y 14:1,3 nos da a entender que Dios elegirá a 12,000 judíos de cada tribu de Israel (12,000 X 12 = 144,000), y los usará durante los 7 años de Tribulación para traer a muchos a los pies de Cristo.

Al considerar, además, las dimensiones de la Jerusalén celestial, vemos que van a ser millones y no miles, los moradores de la gloriosa y bendita ciudad santa.

No cabe duda de que si tomamos el tiempo para estudiar la Biblia, aprenderemos una gran cantidad de cosas sobre el Dios al que servimos.

La pregunta es: ¿Qué hago ahora con todo este conocimiento?

La respuesta a esta pregunta se encuentra en el libro de Mateo. **"Porque el reino de los cielos es como un hombre que, al emprender un viaje, llamó a sus siervos y les encomendó sus bienes. ¹⁵Y a uno le dio cinco talentos, a otro dos, y a otro uno, a cada uno conforme a su capacidad; y se fue de viaje. ¹⁶El que había recibido los cinco talentos, enseguida fue y negoció con ellos y ganó otros cinco talentos. ¹⁷Asimismo el que había recibido los dos talentos ganó otros dos. ¹⁸Pero el que había recibido uno, fue y cavó en la tierra y escondió el dinero de su** señor. ¹⁹Después de mucho tiempo vino el señor de aquellos siervos, y arregló cuentas con ellos". (Mateo 25:14-19).

Y en Mateo 4:17, leemos estas palabras de parte de Jesús: "**Desde entonces Jesús comenzó a predicar y a decir: Arrepentíos, porque el reino de los cielos se ha acercado**".

Esta no es la primera vez que leemos este pasaje de escritura, pero es importante que nos demos cuenta de los principios que se encuentran en el mismo, estos serán los mismos principios que se van a aplicar cuando lleguemos a **"arreglar cuentas"**.

Este pasaje comienza con **"El reino de los cielos será también como…"**

Por favor, ponga atención ya que esto es fascinante. El primer libro del Nuevo Testamento (el evangelio de Mateo), nos da una tremenda cantidad de referencias con respecto a lo que Cristo quiere que la iglesia escuche y haga.

Los primeros dos capítulos de Mateo describen la llegada de nuestro redentor. Los capítulos 3 y 4 describen el comienzo del ministerio de Cristo aquí en la tierra. El capítulo 5 nos da las bienaventuranzas y nos habla de la ley, el homicidio, el adulterio, el divorcio, etc. Los capítulos 6 y 7 nos hablan de la oración, el ayuno, los tesoros en el cielo, de la preocupación, de los frutos que debemos dar como pueblo de Dios.

Después de todo eso, casi al final del libro, Mateo nos dice: "**El conocimiento por sí solo <u>no es</u> suficiente**".

Es por eso por lo que dice: "**El reino de los cielos será también como…**", y después se pone a relatar la historia de un hombre (obviamente de posición) que está emprendiendo una jornada con la intención de regresar.

¿Cómo sabemos que tenía la intención de regresar? Sabemos esto porque el verso 15 del capítulo 25 dice: y les **"encargó"** sus bienes. Esto es muy significativo ya que implica que este hombre eventualmente regresaría de su jornada para **"ajustar cuentas"**. La escritura no nos dice: "él le dio sus bienes", lo que implicaría un regalo o carencia de deseo de regresar a recobrar sus posesiones.

Con respecto al caminar y actuar rectamente como cristianos, el libro de Santiago (la versión en castellano), le pone un toque especial: **"¡Necio!, ¿cuándo acabarás de aprender que ese creer no sirve de nada, que solo se trata de una fe muerta que no se traduce en buenas obras?"** (Santiago 2:20).

Este verso que encontramos en el libro de Santiago nos da a conocer que es de suma importancia que el cristiano tenga fe y viva por ella. Hebreos 11:6 enfatiza: "...**sin fe es imposible agradar a Dios**". Y para reiterar este punto leemos en el libro de Romanos 14:24: **"Todo lo que no es de fe, es pecado"**. Habacuc 2:4 lo enfatiza así: **"...el justo por su fe vivirá"**.

Entonces, sin duda alguna podemos darnos cuenta de que la fe es de suma importancia, pero también debemos darnos cuenta de que la fe debe producir obras.

¿De dónde viene la fe? Romanos 10:17 nos da la respuesta: **"Así que la fe viene como resultado de oír el mensaje, y el mensaje que se oye es la palabra de Cristo"**.

Si yo tomo vitaminas, el resultado debe ser que ahora estoy más fuerte; si yo escucho la palabra de Dios, el resultado debe ser que estoy más fuerte en mi fe, y al que tiene fe, Dios espera que dé fruto ya que fe sin fruto es como tener una Biblia que tiene páginas en blanco o que nadie la lee.

Hay algo que Dios espera que nosotros hagamos con la fe que tenemos, Él espera que nosotros le creamos a Él. ¿Por qué debemos creerle a Dios?

Juan 8:26 nos dice: "...**el que me envió es <u>veraz</u> (seguro)**". La palabra "veraz" en el diccionario de la lengua española tiene como definición lo siguiente: "alguien que <u>dice</u>, <u>usa</u> o <u>profesa</u> siempre la verdad", en otras palabras, es alguien en quien usted puede confiar. ¡Dios no falla, usted puede confiar en Él!

Usted puede estar seguro de que siempre podrá contar con Dios. La pregunta es: ¿Puede Dios contar con usted? ¡Hay trabajo que hacer! ¿Puede Dios contar con usted? ¿Qué va a hacer usted con toda la información que ha recibido?

"Porque por gracia ustedes han sido salvados mediante la fe; esto no procede de ustedes, sino que es el regalo de Dios". (Efesios 2:8).

La salvación de nuestra alma proviene a través de la gracia de Dios, yo le animo a que usted reciba esa salvación si aún no lo ha hecho, yo lo hice el 30 de agosto de 1984, y ha sido la mejor decisión que he tomado en mi vida.

Epílogo

Apelo a su corazón y a su mente. Estoy convencido de que Dios se mueve en una manera sobrenatural cuando sus hijos se mueven en fe, creo que Él añora que nos movamos en fe. Es indiscutible que en este mundo muchos están pasando por tiempo de gran necesidad física, emocional y espiritual (entre otras cosas). La única manera en que vamos a ver un cambio radical en nuestras vidas y en la vida de nuestros seres queridos es si el pueblo de Dios "despierta y se mueve en fe".

"Si se <u>humillare</u> mi pueblo, sobre el cual mi nombre es invocado, y <u>oraren</u>, y <u>buscaren mi rostro</u>, y <u>se convirtieren de sus malos caminos</u>; entonces yo oiré desde los cielos, y perdonaré sus pecados, y sanaré su tierra". (2 Crónicas 7:14).

Dios nos pide 4 cosas en este pasaje, cuatro cosas que requieren NUESTRA ACCIÓN:

Humillarnos

Orar

Buscar su rostro

Arrepentirnos.

Y si hacemos esas cuatro cosas, Dios entonces hará estas tres:

Él oirá

Él perdonará

Él sanará.

Dígame usted, si hoy más que nunca, no necesitamos que Dios nos oiga, nos perdone y nos sane.

Hoy es tiempo de despertar. En Estados Unidos se dice: *"despierta y huele el café"*. Hoy debemos de despertar y en lugar de oler el café, debemos oler "el aire espiritual" que nos rodea. Es un aire que está infectado de la necesidad que hay en este mundo; la gente necesita saber la verdad ya que es en esa verdad que encontrarán vida eterna.

Le animo a que siga luchando por su vida, por la vida de su familia y por la vida de aquellos que no conocen a Jesús, pero más importante aún, le animo a que luche por esa vida venidera y eterna que está a punto de llegar.

"Jesús le dijo: "Yo soy el camino, la verdad y la vida; nadie viene al Padre sino por Mí". (Juan 14:6).

APOKALIPSIS

Se terminó de imprimir en
de 2019 en:

Esta edición consta de
ejemplares.

Editorial Reina Castro
Celular (656) 6388192
Correo-e: r_castro09@hotmail.com

Printed in the United States
By Bookmasters